全国证券从业人员执业资格考试热题库

金融市场基础知识

全国资格认证考试热题库编委会

季伟　主编

策划编辑：陈希尔

封面设计： 砚祥志远·激光照排

联系我们：
地址：辽宁省大连市沙河口区星海大厦
电话：0411-84669496
邮箱：retiku@retiku.cn

如有任何疑问
请联系客服人员

扫一扫，关注中国纺织出版社热题库系列

中国纺织出版社　中国纺织出版社　中国纺织出版社　中国纺织出版社
热题库　　　　官方微信大众版　官方微博　　　　天猫旗舰店

ISBN 978-7-5180-4012-4

定价：58.00元

中国纺织出版社
全国百佳出版单位
国家一级出版社

内 容 提 要

本书主要依据证券业从业人员一般从业资格考试大纲中的"金融市场基础知识"科目要求而编写，内容涵盖思维导图、模拟试卷、热题库三部分，思维导图能够帮助读者理清复习脉络，模拟试卷可以帮助读者检测复习效果，热题库可以帮助读者逐一击破考试重点、难点及易错点，增强应试能力。

图书在版编目（CIP）数据

全国证券从业人员执业资格考试热题库. 金融市场基础知识 / 全国资格认证考试热题库编委会，季伟主编. — 北京：中国纺织出版社，2017.11

全国资格认证考试热题库

ISBN 978-7-5180-4012-4

Ⅰ.①全… Ⅱ.①全… ②季… Ⅲ.①证券交易—从业人员—资格考试—习题集 ②金融市场—资格考试—习题集 Ⅳ.①F830.91-44

中国版本图书馆CIP数据核字（2017）第218015号

策划编辑：陈希尔　　责任印制：储志伟

中国纺织出版社出版发行
地址：北京市朝阳区百子湾东里A407号楼　邮政编码：100124
销售电话：010—67004422　传真：010—87155801
http://www.c-textilep.com
E-mail: faxing@c-textilep.com
中国纺织出版社天猫旗舰店
官方微博 http://weibo.com/2119887771
三河市延风印装有限公司印刷　各地新华书店经销
2017年11月第1版第1次印刷
开本：787×1092　1/16　印张：7
字数：151千字　定价：58.00元

凡购本书，如有缺页、倒页、脱页，由本社图书营销中心调换

纺织社资格考试系列热题库

全国银行业专业人员职业资格考试热题库

《银行业法律法规与综合能力》（初级）
《银行业法律法规与综合能力》（中级）
《风险管理》（初级）
《风险管理》（中级）
《个人贷款》（初级）
《个人贷款》（中级）
《个人理财》（初级）
《个人理财》（中级）
《公司信贷》（初级）
《公司信贷》（中级）
《银行管理》（初级）
《银行管理》（中级）

全国期货从业人员执业资格考试热题库

《期货法律法规》
《期货基础知识》
《期货投资分析》

全国证券从业人员执业资格考试热题库

《金融市场基础知识》
《证券市场基本法律法规》

全国基金从业人员执业资格考试热题库

《基金法律法规、职业道德与业务规范》
《证券投资基金基础知识》
《私募股权投资基金基础知识》

心理咨询师国家职业资格考试热题库

《心理咨询师》（二级）
《心理咨询师》（三级）

目　录

一、热题库使用说明

二、思维导图

　　第一章　金融市场体系

　　第二章　证券市场主体

　　第三章　股票市场

　　第四章　债券市场

　　第五章　证券投资基金与衍生工具

　　第六章　金融风险管理

三、模拟试卷

　　《金融市场基础知识》模拟试卷（一）

　　《金融市场基础知识》模拟试卷（二）

　　《金融市场基础知识》模拟试卷（三）

参考答案及解析

第一章 金融市场体系

第一节 全球金融体系

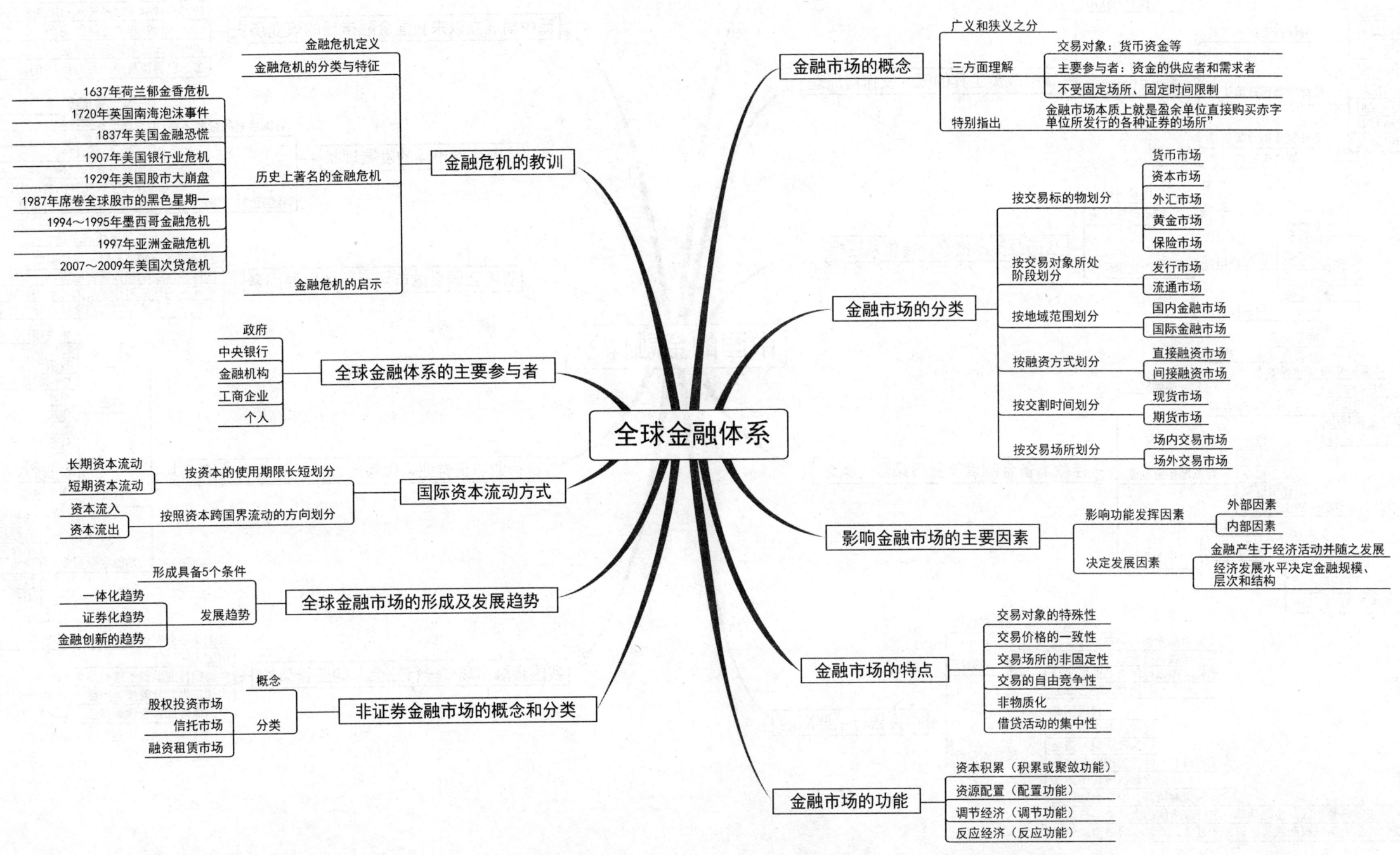

第二节 中国的金融体系

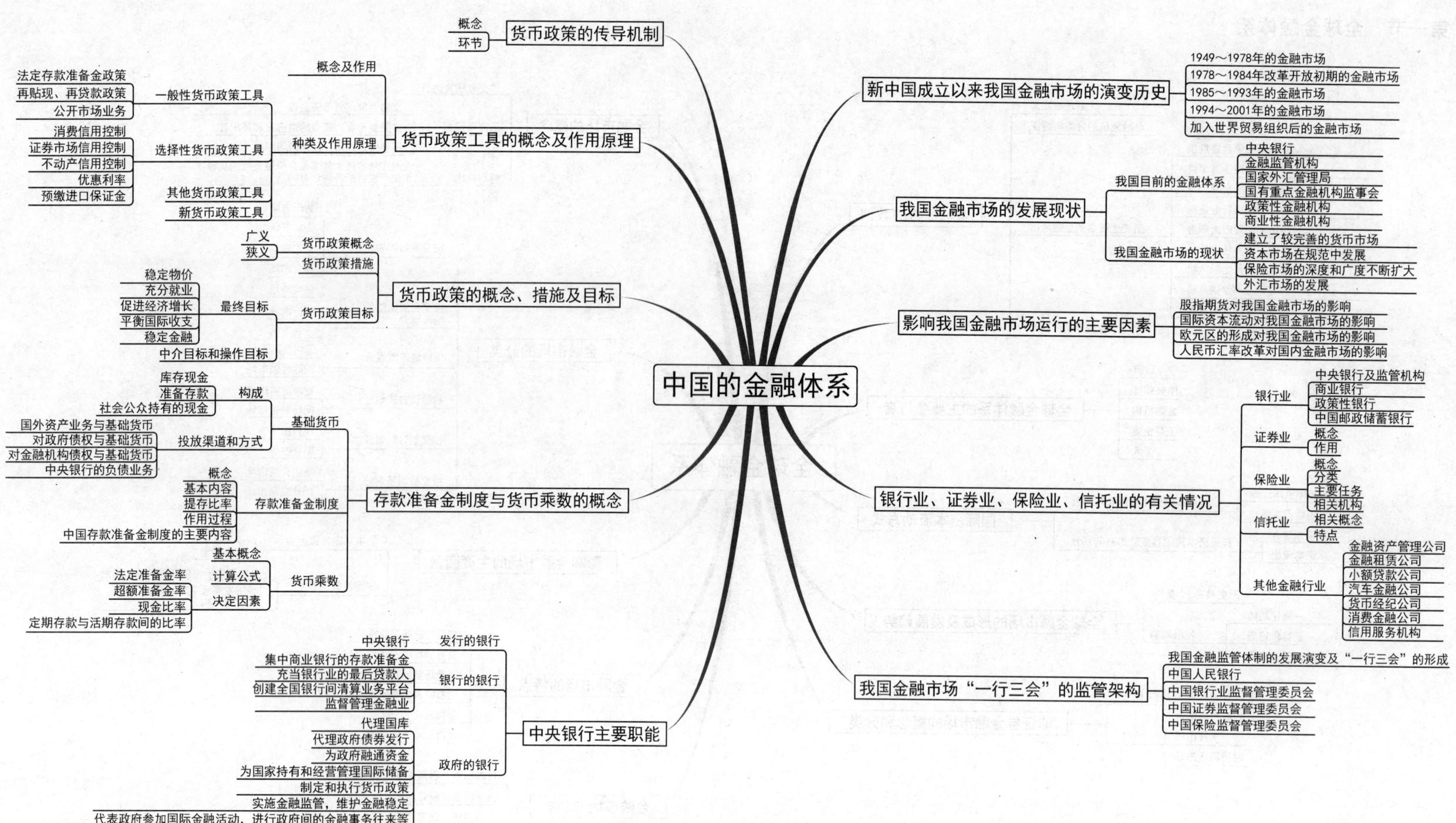

第三节 中国多层次资本市场

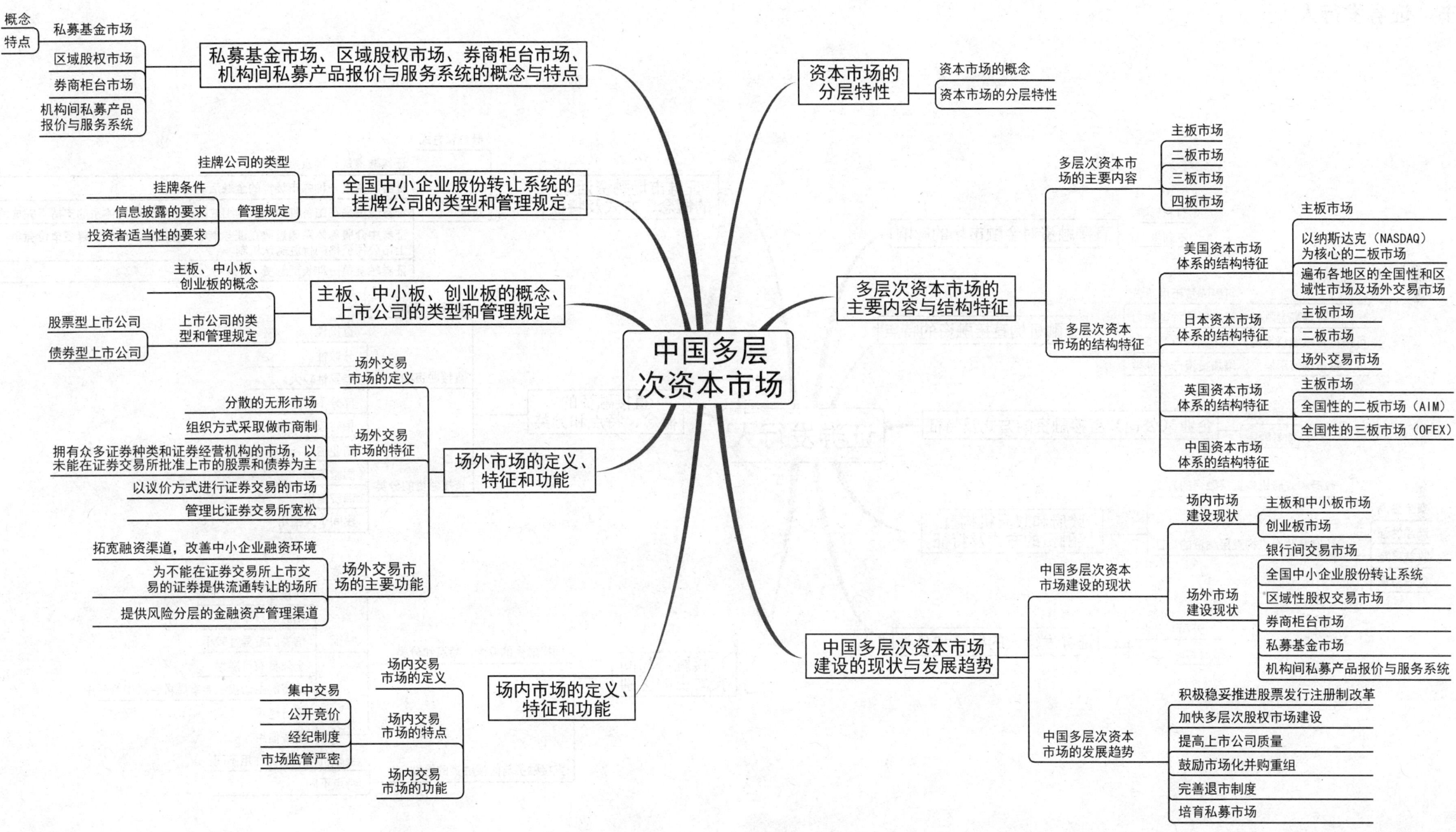

第二章 证券市场主体

第一节 证券发行人

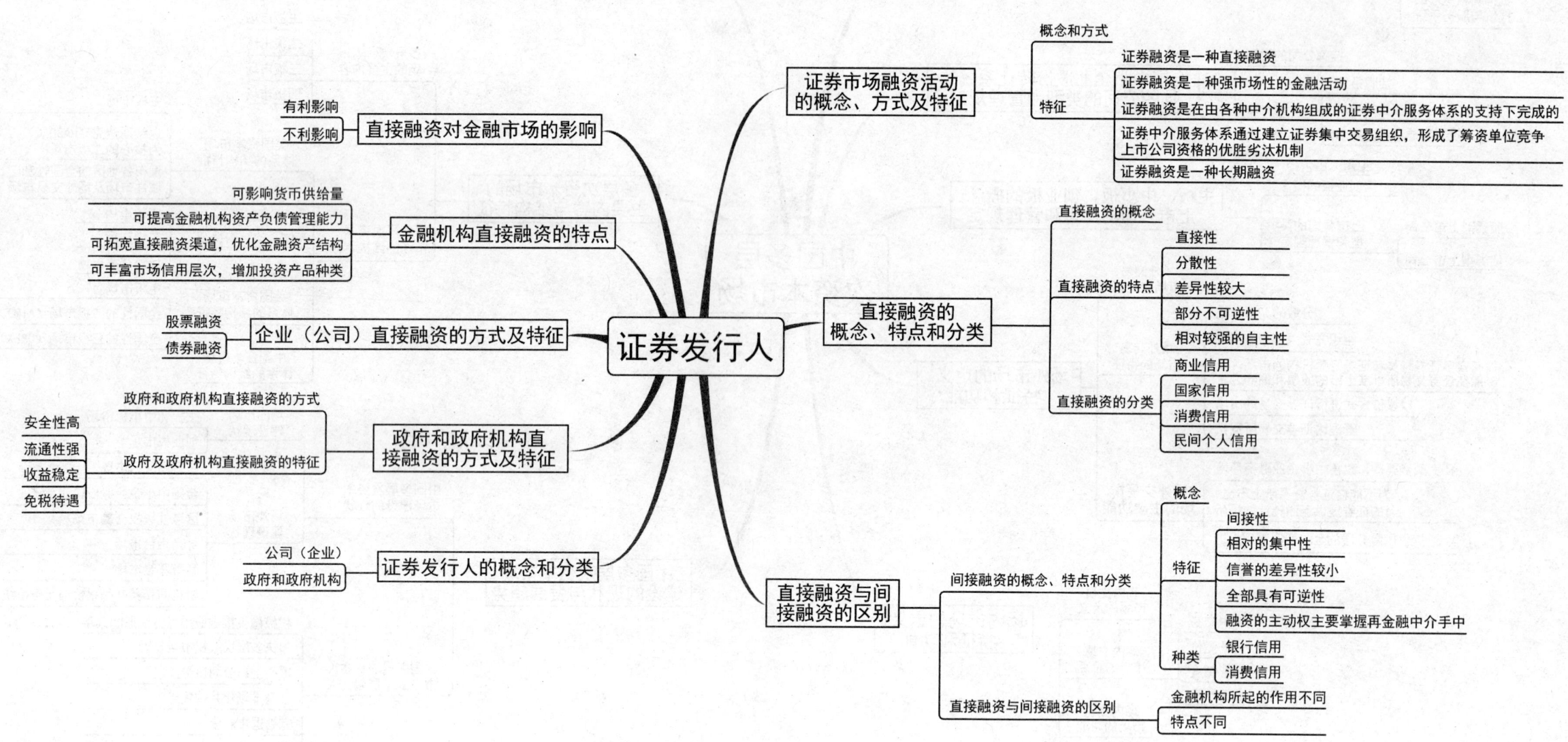

第二节 证券投资者

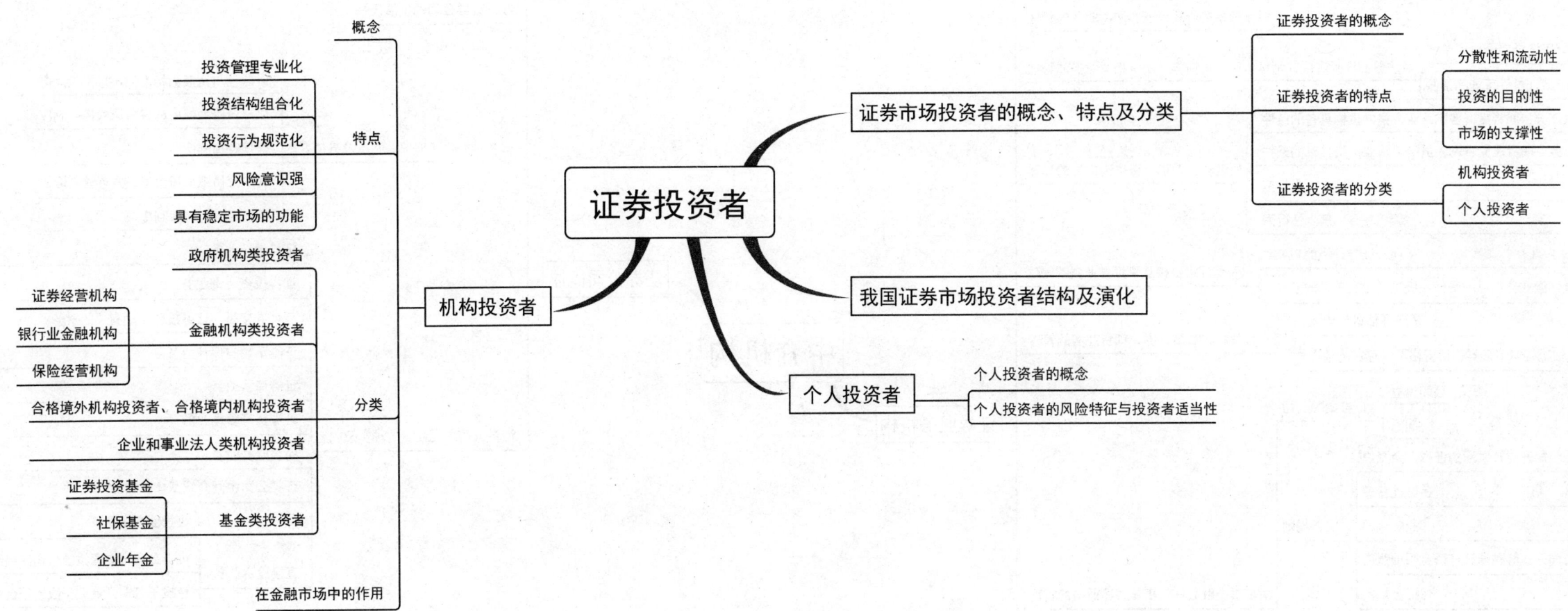

第三节 中介机构

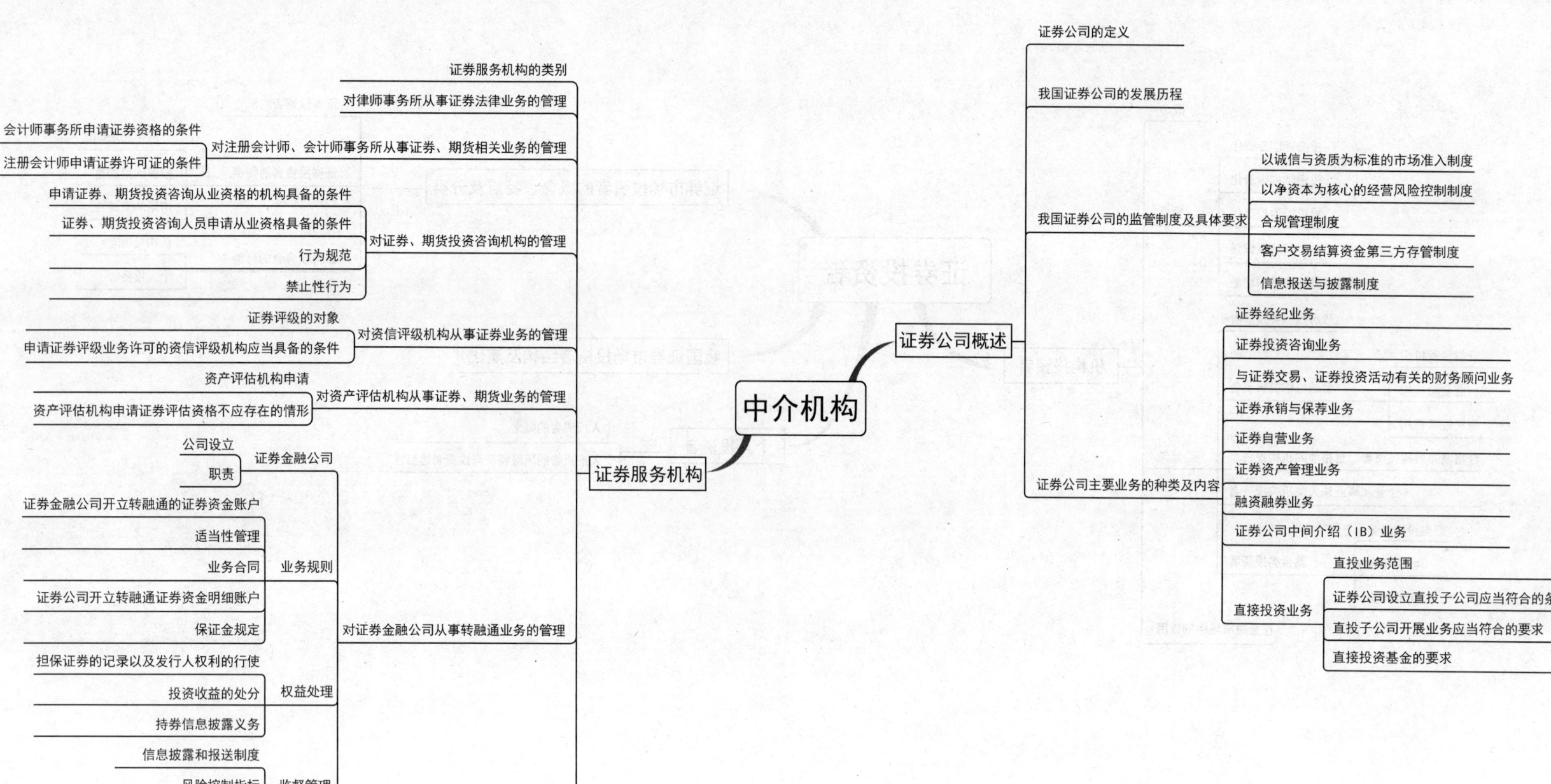

第四节 自律性组织

- 自律性组织
  - 证券投资者保护基金
    - 证券投资者保护基金的来源、使用、监督管理
    - 中国证券投资者保护基金公司设立的意义和职责
  - 证券登记结算公司
    - 证券登记结算公司的设立条件与主要职能
      - 设立条件
      - 职能
        - 证券账户、结算账户的设立和管理
        - 证券的存管和过户
        - 证券持有人名册登记及权益登记
        - 证券交易所上市证券交易的清算交收及相关管理
        - 受发行人委托派发证券权益
        - 办理与上述业务有关的查询、信息、咨询和培训服务
        - 国务院证券监督管理机构批准的其他业务
    - 证券登记结算公司的登记结算制度
      - 证券实名制
      - 货银对付的交收制度
      - 分级结算制度和结算参与人制度
      - 净额结算制度
      - 结算证券和资金的专用性制度
  - 证券业协会
    - 证券业协会的性质和宗旨
    - 证券业协会的历史沿革
    - 证券业协会的职责和自律管理职能
      - 证券业协会的职责
      - 证券业协会的自律管理职能
    - 证券业协会的机构设置
      - 会员大会
      - 理事会
      - 常务理事会
      - 监事会
      - 会长办公会、会长、秘书长
  - 证券交易所
    - 证券交易所的定义、特征及主要职能
      - 定义
      - 特征
      - 职能
    - 证券交易所的组织形式
      - 公司制
      - 会员制
    - 我国证券交易所的发展历程
      - 1891年，由上海外商经纪人组织的上海股份公所和上海众业公所成立
      - 1918年夏天，中国人自己创办的第一家证券交易所——北平证券交易所成立
      - 1920年，上海证券物品交易所得到批准成立
      - 1952年，天津证券交易所关闭，旧中国的证券市场相继消失
      - 1990年12月和1991年6月，上海证券交易所和深圳证券交易所相继成立，我国证券市场正式形成

第五节 监管机构

- 监管机构
  - 证券市场监管概述
    - 证券市场监管的意义和原则
      - 意义
        - 加强证券市场监管是保障广大投资者合法权益的需要
        - 加强证券市场监管是维护市场良好秩序的需要
        - 加强证券市场监管是发展和完善证券市场体系的需要
        - 准确和全面的信息是证券市场参与者进行发行和交易决策的重要依据
      - 原则
        - 依法监管原则
        - 保护投资者利益原则
        - “三公”原则
        - 监管与自律相结合的原则
    - 证券市场监管的目标和手段
      - 证券市场监管的目标
      - 证券市场监管的手段
        - 法律手段
        - 经济手段
        - 行政手段
  - 我国证券市场监管
    - 我国证券市场的监管体系
    - 国务院证券监督管理机构及其组成
      - 中国证券监督管理委员会
      - 中国证监会派出机构
    - 《证券法》赋予证券监督管理机构的职责、权限
      - 国务院证券监督管理机构的职责
      - 国务院证券监督管理机构的权限

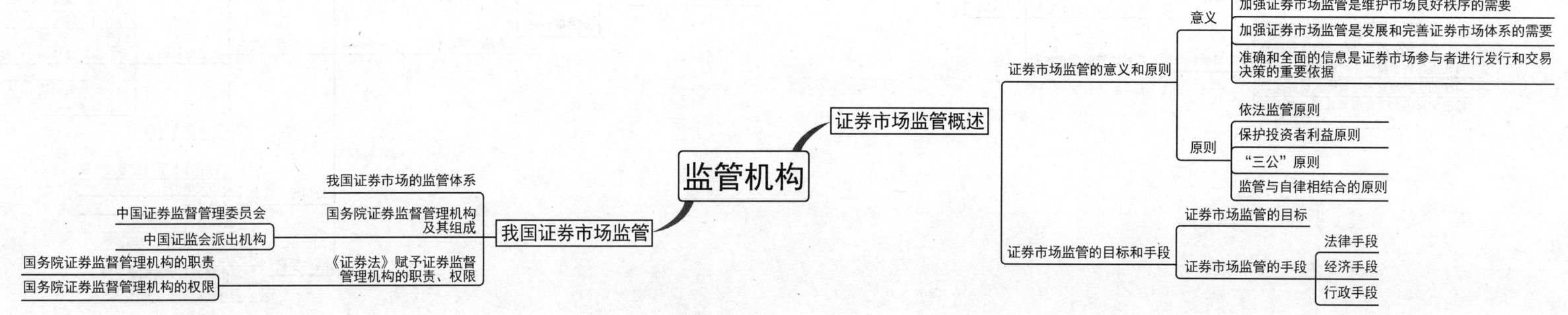

第三章 股票市场

第一节 股票

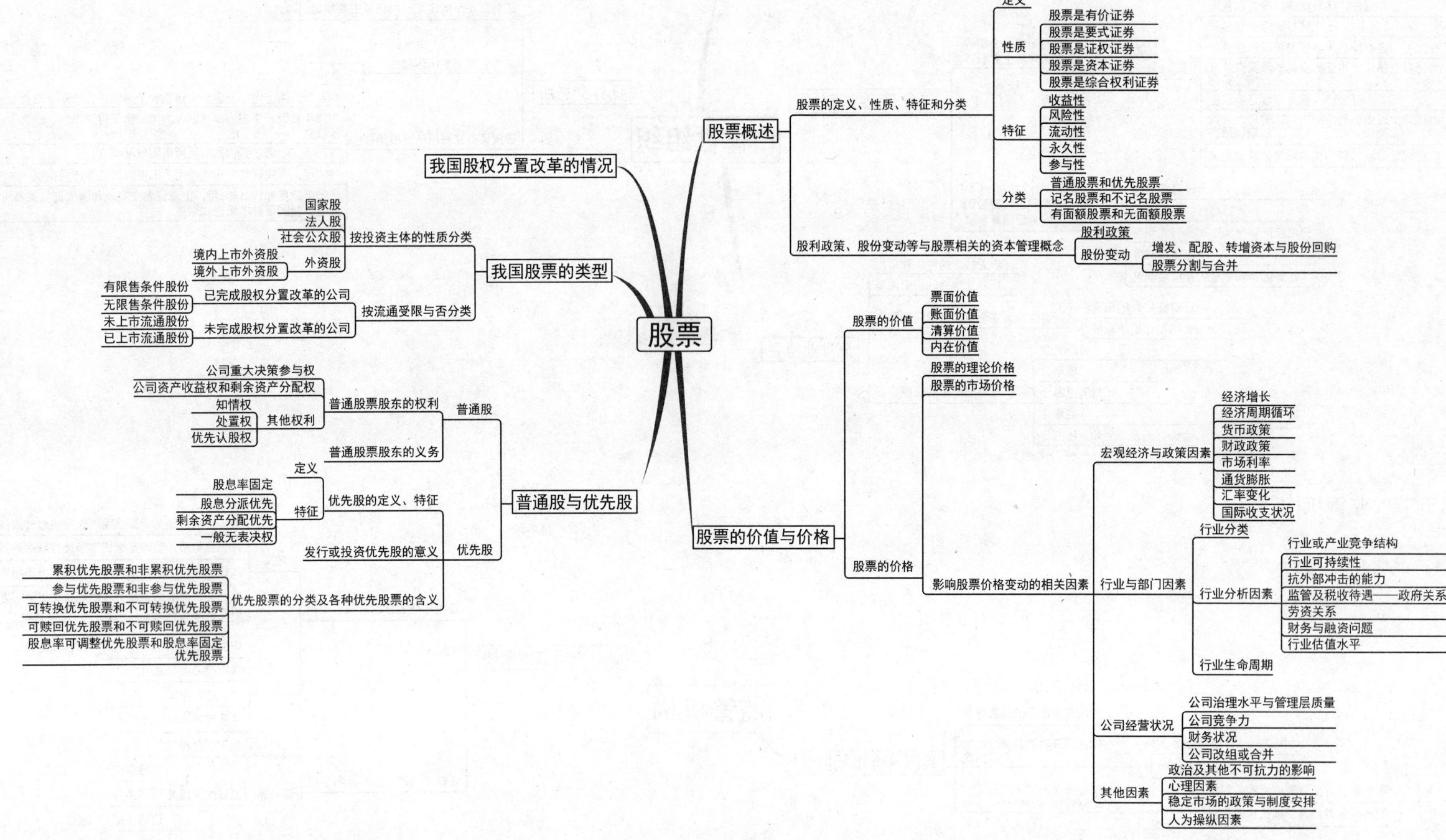

第二节 股票发行

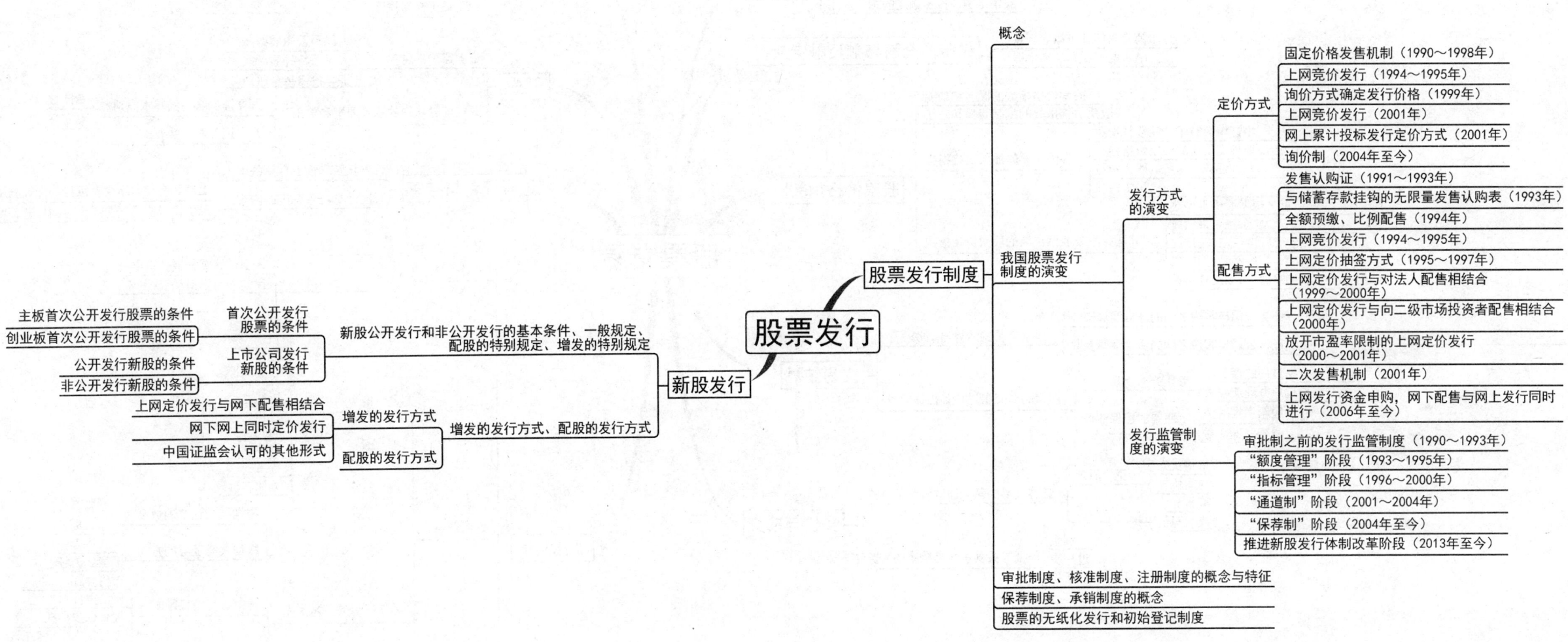

第三节 股票交易

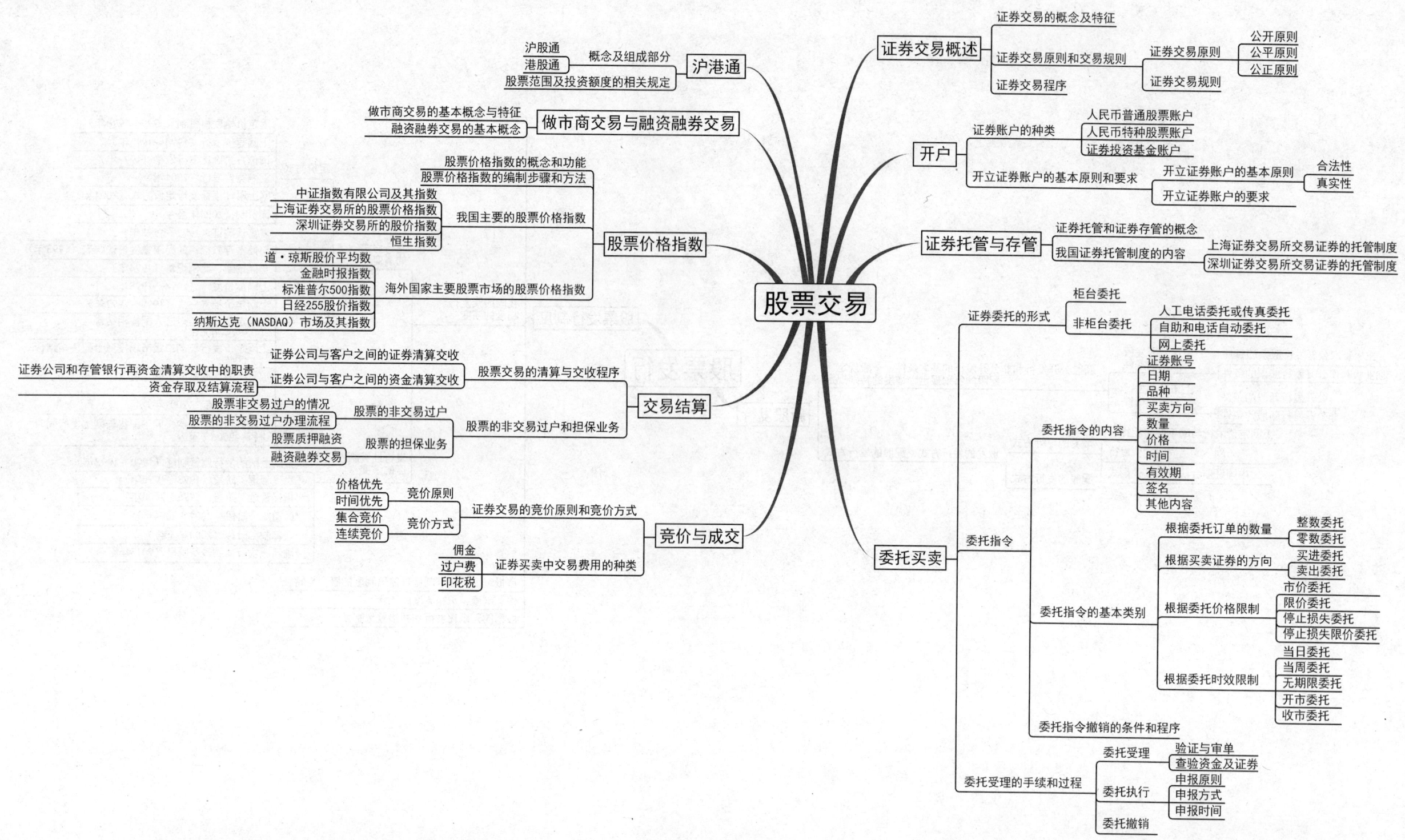

第四章 债券市场

第一节 债券

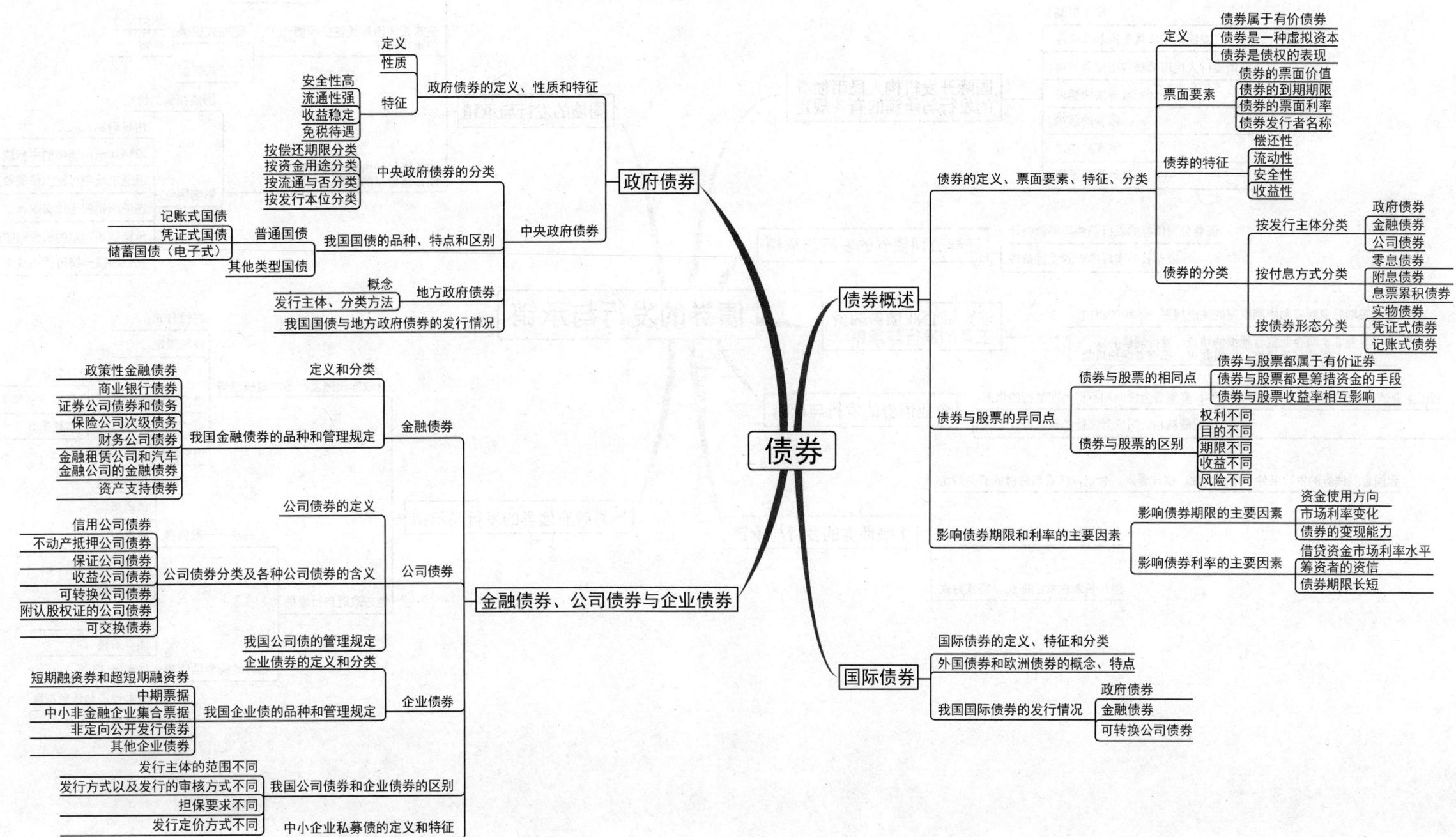

第二节 债券的发行与承销

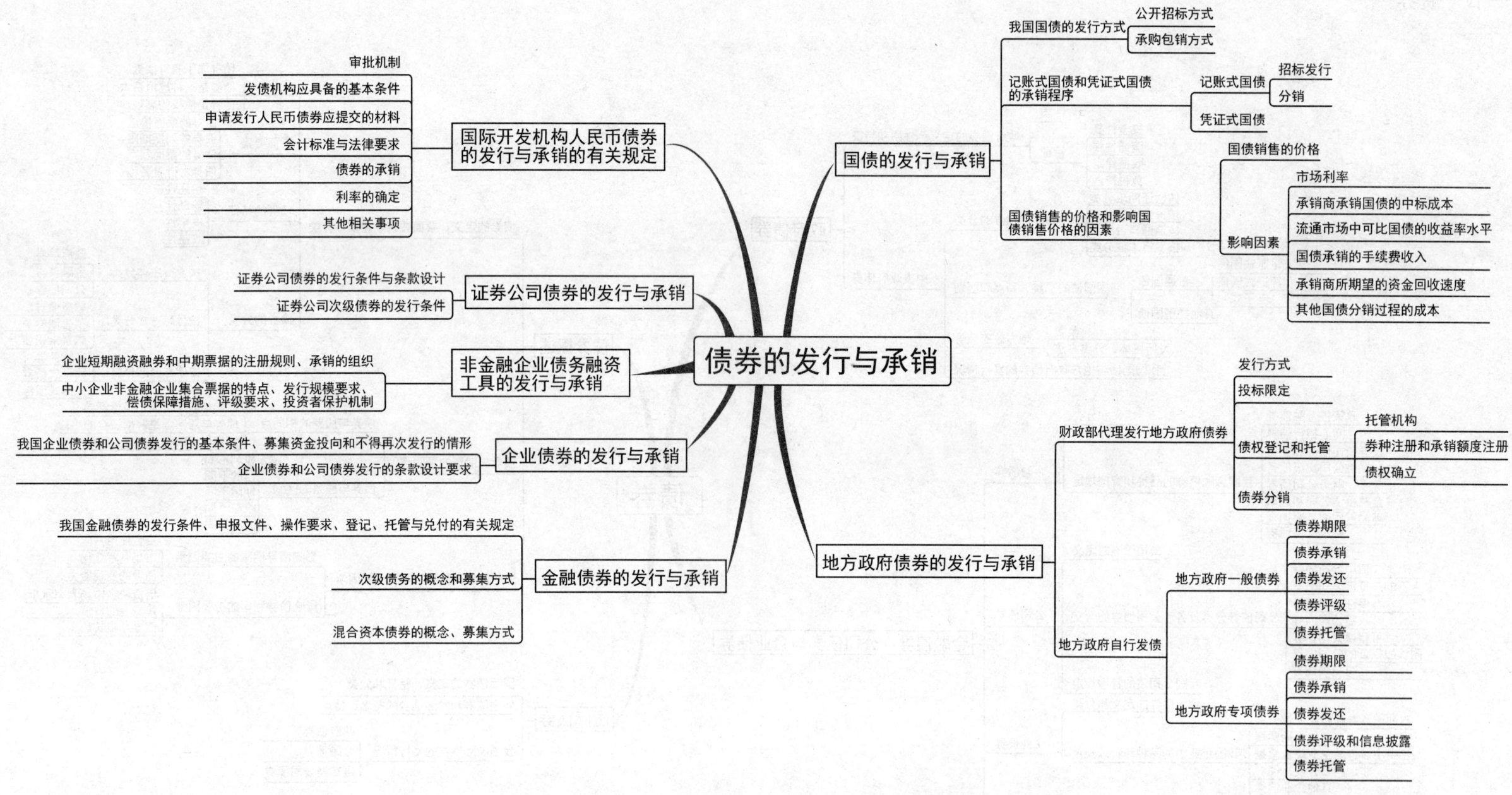

第三节 债券的交易

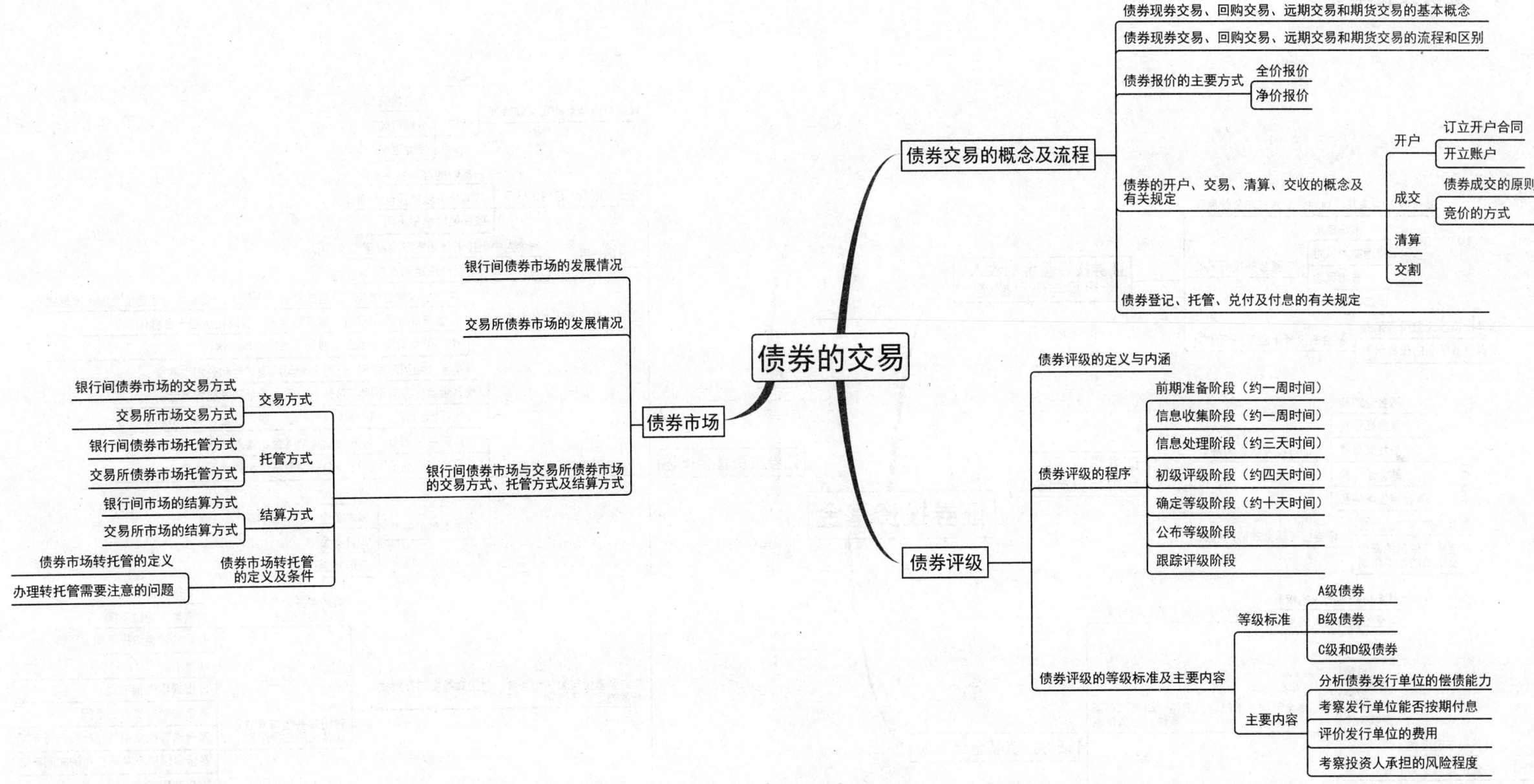

第五章 证券投资基金与衍生工具

第一节 证券投资基金

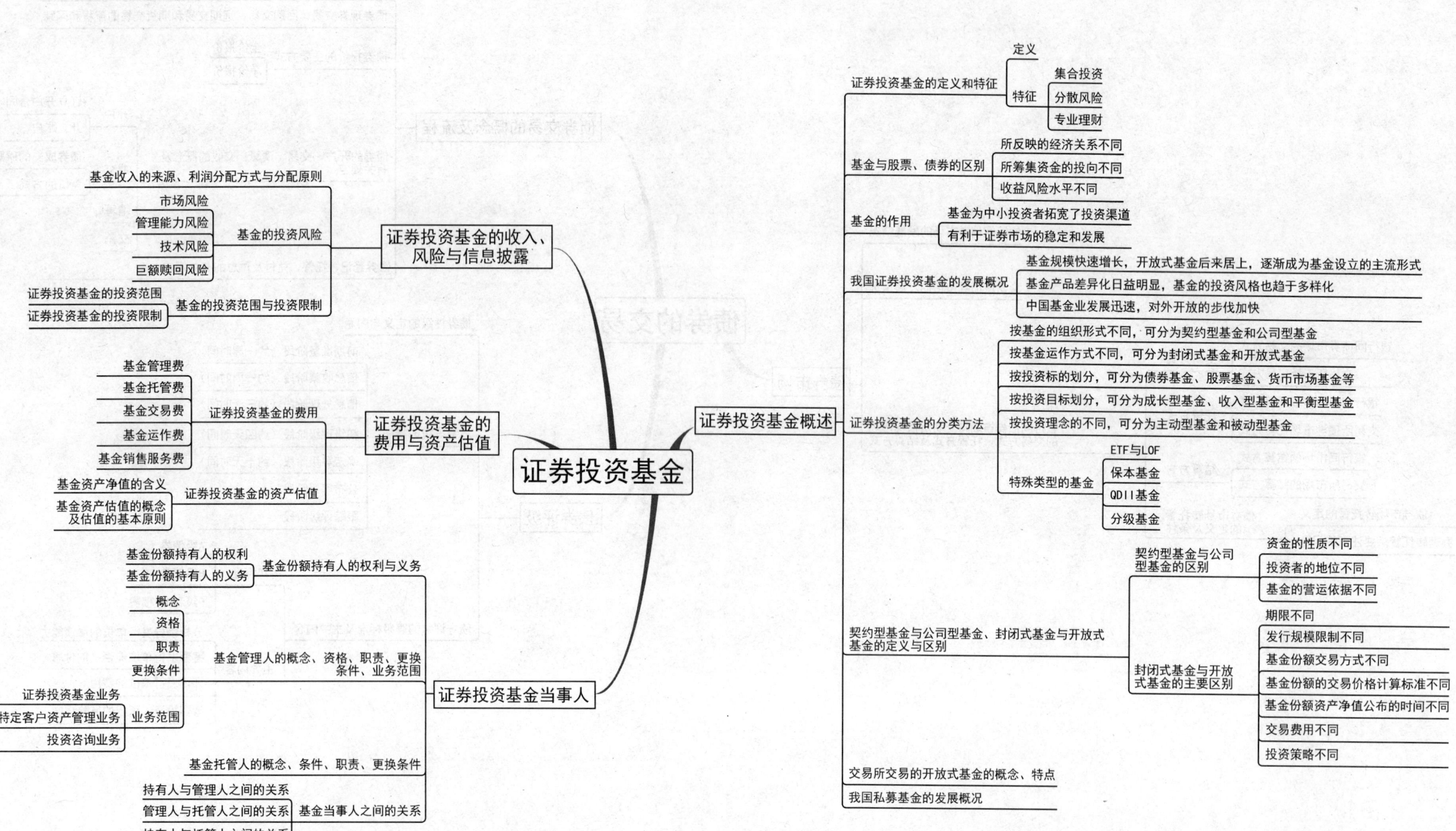

第二节 衍生工具

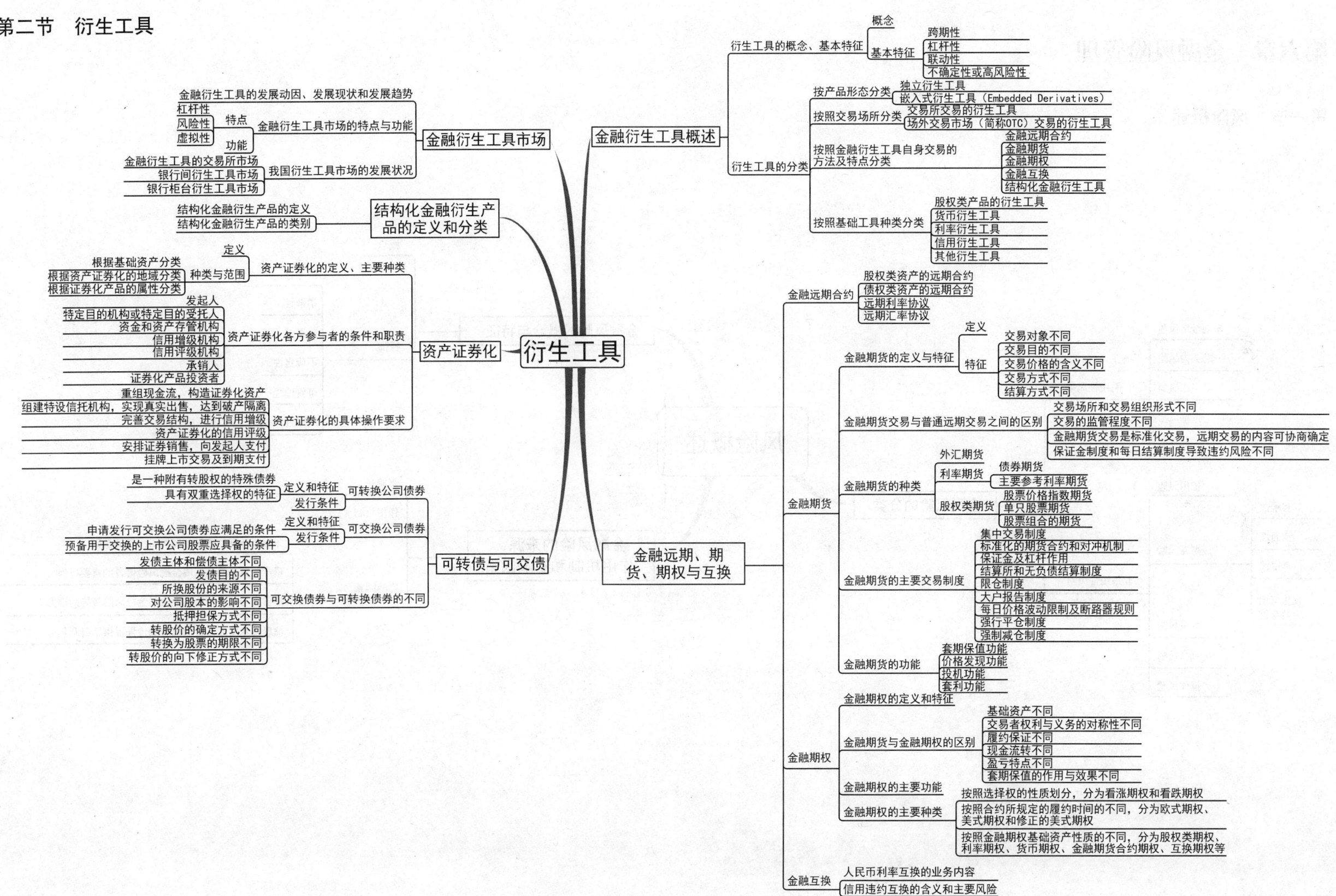

第六章 金融风险管理

第一节 风险概述

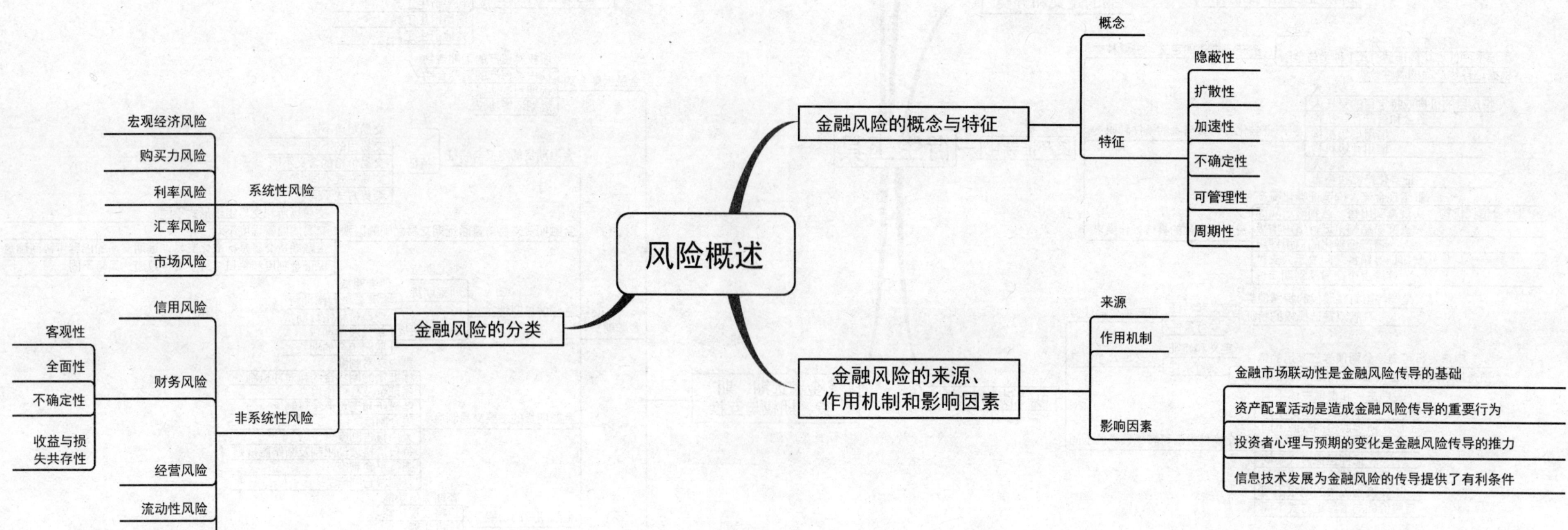

第二节 风险管理

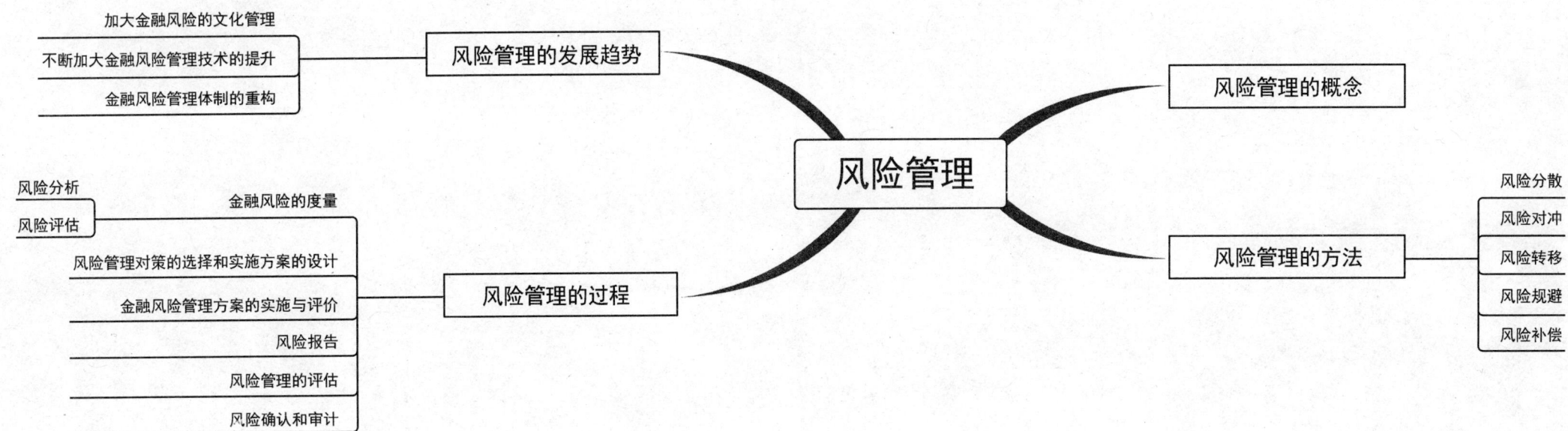

热题库使用说明

热题库设计模型：

　　欢迎大家使用热题库学习软件，这套软件是全国资格认证考试热题库编委会通过十余年的知识沉淀与经验积累而总结出的一套适用万千考生的学习方法。热题库中的考点和试题均由资深专业教师依据最新考试大纲要求进行编写，同时融入了历年考试真题，在保证试题质量及时效性的基础上，通过经典有效的考点挂习题形式对考点知识进行全方位覆盖，帮助考生逐一击破考试重点、难点及易错点，也因此被众多考生喻为"考试神器"。

- ✓ **新题练习**：以最新大纲要求为主线，为考生提供最新最全的应试题目。
- ✓ **热题研习**：通过对错比率来划分热度，热度越高，题目越精。
- ✓ **熟题重温**：重温做过的题目，加深对知识点的理解与应用。
- ✓ **错题重做**：对做错的题目重新作答，找到薄弱环节，逐个击破。
- ✓ **机编模拟**：按命题思路进行组卷，通过自测，把握考试重点，主攻薄弱环节。
- ✓ **典型试卷**：全国资格认证考试热题库编委会精心编排，囊括重点难点，保质保量。

纺织社热题库

1 主页面

热题库主页面上部分为考试科目名称、考生信息及考生学习情况，具体包括：考生头像、微信昵称、积分、新题总数、错题总数、熟题总数、勤奋/排名。

热题库主页面下部分为六大经典模块，分别是：新题练习、热题研习、熟题重温、错题重做、机编模拟、典型试卷。其中，新题练习、熟题重温、机编模拟为免费模块，热题研习、错题重做、典型试卷为收费模块。

- **积分**：用你的积分可兑换试题提问机会。
- **新题**：提醒你，你还有多少道试题未做。
- **头像**：点击头像，进入个人中心，查看你的资信信息。
- **错题**：警告你，你已经做错这些数量的试题。
- **熟题**：恭喜你，你成功答对这些数量的试题。
- **勤奋/排名**：查看你在热题库中的江湖排名。

- 积分：10分
- 新题：2161道
- 错题：0道
- 熟题：0道
- 勤奋/排名：3/5

2

新题中的题目按章节分类，点击章进入节列表，点击节进入考点列表，点击考点进入考点学习，此模块考生可免费使用；

考点中记录详细考点内容及解析，同时记录考点学习人数，点击章、节、考点右侧按钮直接进入答题页面；

考生选择选项后点击"上一题"、"下一题"默认提交答案；点击"查看答案"选项后，将不可再次更改答案；没有选择答案却点击"查看答案"选项后，本题按做错处理；

点击查看答案后，详细展示本题正确答案，正确率，考生选择，易错选项，被答次数。

3

- **考点**：点击考点进入考点详情页面进行学习，并记录考点学习人数。
- **我要提问**：考生在答题过程中遇到疑难问题可以使用"我要提问"进行悬赏积分提问。
- **反馈**：考生对有疑问的题目进行错误反馈，老师会在第一时间对题目进行校验。
- **笔记**：在学习过程中记录重点难点题目，方便日后学习。

4 熟题重温

在其他模块中做对的题目都会进入"熟题重温"中，帮助考生分出已经掌握的题目，节省复习时间。

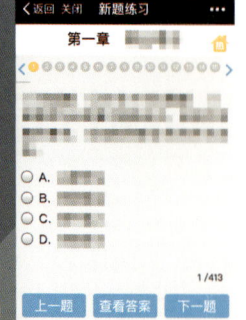

5 机编模拟

分为易、中、难三个梯度，考生可以结合自身对知识点掌握的熟练程度自主选择。易，模拟试卷的题目源于"熟题重温"；中，模拟试卷的题目源于"热题研习"；难，模拟试卷的题目源于"错题重做"，所有试卷都是随机生成。此模块可以帮助考生快速查缺补漏。

6 热题研习

大数据筛选，根据所有考生答题情况对每一道题目进行正确率统计，并按照正确率进行热度划分，考生可以借助他人的经验筛选题目，此模块特别适用于考试临近而又没有时间复习的考生。

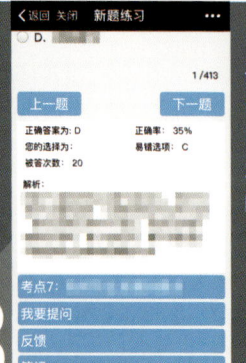

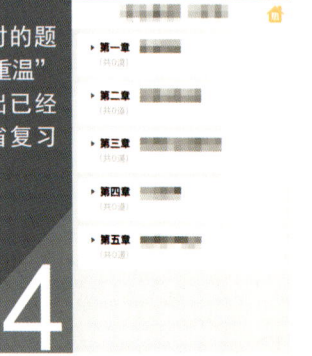

7 错题重做

在"新题练习"、"热题研习"、"熟题重温"中做错的题目会进入到这个模块，所有错题按照时间倒序显示，距离当前时间越久越先显示，并且同一道错题需要连续做对三次才能进入到"熟题重温"中，错题的抗遗忘曲线法帮助考生真正掌握每一个考点。

8 典型试卷

"典型试卷"是由全国资格认证考试热题库编委会精心编写的冲刺试卷，帮助考生在考前冲刺使用，此模块的重要性不言自明。

9 个人中心

点击头像进入个人中心，在个人中心详细展示考生复习情况，根据考生学习进度及学习成果生成评估报告，并且可以根据做题量及正确率进行平台排名，促进考生学习欲望。日志、排行榜、复习进度、评估报告从不同角度记录考生学习进度，帮助他直观地了解复习情况。对于有疑问的问题和重点问题可以选择笔记记录或者使用积分悬赏进行提问；有能力的考生也可以对其他考生的提问进行解答，赚取积分的同时增强考生之间的互动性。

10 功能

- **日志**：记录考生每天的复习情况、做题总数、错题总数、正确率，方便考生安排复习计划。
- **排行榜**：对所有参加考试的考生答题情况进行排名，知己知彼百战不殆。
- **复习进度**：把每科考试按照章节划分查漏补缺，哪里没学学哪里。
- **评估报告**：根据考生做题情况进行图表展示，让考生更直观地了解复习情况。
- **笔记题目**：重点难点问题反复学习，记录上次学习知识盲点，温故而知新。
- **我的提问**：考生对有疑问的问题进行提问，快速找到解决和学习办法。
- **我的回答**：考生之间的互动，帮助别人的同时加深自己对知识点的理解，同时赚取积分。
- **已购买的热题**：热题快速进入渠道，直接答题告别繁琐。
- **已购买的错题**：错题快速进入渠道，直接答题告别繁琐。
- **已购买的典型试卷**：典型试卷快速进入渠道，直接答题告别繁琐。

全国证券从业人员执业资格考试热题库

《金融市场基础知识》模拟试卷（一）

一、**单项选择题**（共 50 题，每小题 1 分，共 50 分。以下备选项中只有一项符合题目要求，不选、错选均不得分）

1. 发行人以筹资为目的，按照一定的法律规定和发行程序，向投资者出售新证券所形成的市场，称为（　　）。
   A. 一级市场　　　B. 二板市场　　　C. 二级市场　　　D. 主板市场
2. 上海证券交易所成立于（　　）年 11 月。
   A. 1989　　　　　B. 1990　　　　　C. 1991　　　　　D. 1992
3. 全国中小型企业股份转让系统又称为（　　）。
   A. 创业板　　　　B. 中小企业板　　C. 二板　　　　　D. 新三板
4. 资金供给者与资金需求者互相之间融通资金，如果借助金融市场直接进行，则属于（　　）。
   A. 发债融资　　　B. 上市融资　　　C. 直接融资　　　D. 间接融资
5. 用自有资金或者从分散的公众手中筹集的资金专门进行有价证券投资活动的法人机构是（　　）。
   A. 证券公司　　　B. 投资公司　　　C. 投资银行　　　D. 机构投资者
6. 我国《证券法》正式颁布的时间是（　　）。
   A. 1998 年 12 月　B. 1998 年 9 月　 C. 1998 年 3 月　 D. 1999 年 3 月
7. 在转融通业务中，（　　）向证券金融公司借入资金，供其办理融资融券业务的经营活动。
   A. 证券登记结算公司　　　　　　　B. 证券市场投资者
   C. 证券交易所　　　　　　　　　　D. 证券公司
8. 证券公司中间介绍业务，是指证券公司接受相关委托，介绍客户参与（　　）买卖并提供相关服务的业务活动。
   A. 股票　　　　　B. 期货　　　　　C. 基金　　　　　D. 证券
9. 注册会计师申请证券许可证，需要取得注册会计师证件（　　）年以上。
   A. 1　　　　　　 B. 2　　　　　　 C. 3　　　　　　 D. 4
10. （　　）年 7 月，深圳证券交易所正式开业。
    A. 1990　　　　 B. 1991　　　　　C. 1992　　　　　D. 1993
11. 根据（　　）的明确规定，证券公司是与证券登记结算机构进行证券和资金清算交收的主体。
    A. 《证券法》　　　　　　　　　　B. 《公司法》

C. 《证券投资基金法》　　　　　D. 《证券公司监督管理办法》

12. 中国证券业协会理事任期（　　）年，可连选连任。
    A. 二　　　　B. 三　　　　C. 四　　　　D. 五

13. 证券市场监管的（　　）比较直接，运用不当可能违背市场规律，无法发挥作用甚至遭到惩罚。
    A. 行政手段　　B. 经济手段　　C. 司法手段　　D. 法律手段

14. 可以参与发行人的经济决策的是（　　）。
    A. 股票所有者　　　　　　　B. 期权持有者
    C. 债券持有者　　　　　　　D. 证券投资基金持有者

15. 引起某上市公司股票价格变动的直接原因是（　　）。
    A. 供求关系　　　　　　　　B. 行业前景
    C. 公司经济状况　　　　　　D. 宏观经济和政策因素

16. 相对于投资普通股票而言，投资优先股的收益_____，风险_____。（　　）
    A. 稳定；小　　B. 稳定；大　　C. 不稳定；小　　D. 不稳定；大

17. 下列对股份回购的叙述，错误的是（　　）。
    A. 股份回购改变了原有供求平衡，增加需求，减少供给
    B. 股份回购向市场传达了积极的信息
    C. 股份回购通常会导致股价上涨
    D. 公司一般在股价较高时回购

18. 上市公司增发的网上定价发行与网下询价配售相结合方式是通过网下向_____询价确定发行价格并按比例配售，同时网上对_____定价发行。（　　）
    A. 机构投资者；公众投资者　　　B. 公众投资者；战略投资者
    C. 机构投资者；战略投资者　　　D. 公众投资者；机构投资者

19. 股票发行之前，发行人必须按法定程序向监管部门提交有关信息，申请注册，并对信息的完整性、真实性负责的市场主导型股票发行制度是（　　）。
    A. 保荐制　　B. 核准制　　C. 审批制　　D. 注册制

20. 在证券托管和存管中，对股权、债权变更引起的证券转移，通过（　　）予以划转。
    A. 账面　　B. 传真转账信息　　C. 通知场内交易员　　D. 通知证券经纪商

21. 股价平均数是采用股价平均法，用于度量所有样本股（　　）的平均值。
    A. 价格水平　　　　　　　　B. 加权价格水平
    C. 总体价格水平　　　　　　D. 经调整后的价格水平

22. 证券买卖申报逐笔连续撮合的竞价方式称为（　　）。
    A. 集合竞价　　B. 招标竞价　　C. 连续竞价　　D. 拍卖竞价

23. 上海证券交易所的收盘价为当日该证券最后一笔交易前（　　）所有交易的成交量加权平均价（含最后一笔交易）。
    A. 5分钟　　B. 4分钟　　C. 2分钟　　D. 1分钟

24. 沪股通通过（　　）设立的证券交易服务公司进行交易。
    A. 香港联合交易所
    B. 上海证券交易所
    C. 上海证券交易所和香港联合交易所
    D. 上海证券交易所或者香港联合交易所
25. 融券卖出的申报价格低于该证券的（　　）时，申报无效。
    A. 净值　　　　B. 收盘价　　　　C. 最新成交价　　　　D. 前一日收盘价
26. 债券票面利率也称（　　）。
    A. 实际利率　　B. 市场利率　　C. 名义利率　　D. 单利
27. 一般来说，风险最小且收益较为稳定的投资产品是（　　）。
    A. 股票　　　　B. 公司债券　　C. 政府债券　　D. 可转换债券
28. 地方政府根据本地区经济发展和资金需求状况，以承担还本付息责任为前提，向社会筹集资金的债务凭证为（　　）。
    A. 地方政府债券　B. 金融债券　　C. 无期债券　　D. 公司债券
29. 以下关于我国国际债券说法不正确的是（　　）。
    A. 我国发行国际债券始于20世纪80年代初期
    B. 我国在亚洲、美洲、欧洲等地发行过国际债券
    C. 我国政府于1980年首次在国际市场发行国际债券
    D. 主要的债券品种包括政府债券、金融债券和可转换公司债券
30. 企业债券募集资金可以用于（　　）。
    A. 期货交易　　　　　　　　B. 股票买卖
    C. 房地产买卖　　　　　　　D. 收购产权（股权）
31. 财政部代理发行地方政府债券，采用（　　）招标方式。
    A. 承销　　　　　　　　　　B. 混合式
    C. 单一价格美国式　　　　　D. 单一价格荷兰式
32. 上市公司申请发行可转换公司债券，董事会应当依法就相关事项作出决议，并提请股东大会批准，其中不包括（　　）。
    A. 董事会声明　　　　　　　B. 本次证券发行的方案
    C. 前次募集资金使用的报告　D. 本次募集资金使用的可行性报告
33. 凭证式国债应由具备凭证式国债承销团资格的机构承销，（　　）和中国人民银行一般每年确定一次凭证式国债承销团资格。
    A. 银监会　　　B. 财政部　　　C. 发改委　　　D. 证监会
34. 全国银行间债券市场中用于回购的债券不包括（　　）。
    A. 政策性金融债券　　　　　B. 中央银行债券
    C. 企业短期票据　　　　　　D. 国债
35. 债券的净价报价是指（　　）。
    A. 扣除累计应付利息后的报价　　B. 买卖双方实际支付价格
    C. 累计应付利息股价　　　　　　D. 现金流贴现报价

36. （　　）为银行间债券市场做市商对公司债券的做市行为提供报价、成交等服务。
   A. 证券交易所　　B. 同业拆借中心　　C. 中国人民银行　　D. 国债登记公司

37. 在我国证券交易所的债券交易中，报价一般以每（　　）元面值债券的价格形式出现。
   A. 100　　　　　B. 800　　　　　C. 1000　　　　　D. 5000

38. 基金监管机构对基金业实行严格的监管，对各种有损于投资者利益的行为进行严厉打击，并强制基金进行及时、准确、充分的信息披露。这体现了证券投资基金的（　　）的特点。
   A. 严格监管、信息透明　　　　　B. 集合理财、专业管理
   C. 利益共享、风险共担　　　　　D. 独立托管、保障安全

39. 基金托管费通常是（　　）。
   A. 逐日计算，按日支付　　　　　B. 逐日计算，按月支付
   C. 逐日计算，按周支付　　　　　D. 逐月计算，按月支付

40. 采用非公开方式，面向特定投资者募集发售的基金，称为（　　）。
   A. 公募基金　　B. 私募基金　　C. 封闭式基金　　D. 开放式基金

41. 公司型基金依据（　　）设立并营运。
   A. 基金合同　　　　　　　　　　B. 发起人协议
   C. 基金公司章程　　　　　　　　D. 基金招募说明书

42. 与其他金融工具相比较，开放式基金是一种（　　）。
   A. 债权凭证　　B. 收益凭证　　C. 信用凭证　　D. 受益凭证

43. 以下不是公募基金特点的是（　　）。
   A. 基金募集对象不固定
   B. 可以向社会公众宣传推广
   C. 基金份额的投资金额要求较低
   D. 基金在运作和信息披露方面所受的限制和约束较少

44. 以科学的投资组合降低风险是证券投资基金（　　）的特点。
   A. 分散风险　　B. 集合投资　　C. 风险共享　　D. 收益共享

45. （　　）导致期货交易具有高度的杠杆作用。
   A. 保证金制度　　B. 大户报告制度　　C. 每日限价制度　　D. 逐日盯市制度

46. 两个或两个以上的当事人按共同商定的条件，在约定的时间内定期交换现金流的金融交易是（　　）。
   A. 金融期权　　B. 金融互换　　C. 金融期货　　D. 金融远期合约

47. 交易者买入看涨期权，是因为其预期基础金融工具的价格在合约期限内将会（　　）。
   A. 上涨　　　　B. 下跌　　　　C. 不变　　　　D. 难以判断

48. 交易双方在集中的交易所内以公开竞价的形式达成的，在将来某一特定时间交收标准数量特定金融工具的协议，我们称之为（　　）。
   A. 结构化金融衍生工具　　　　　B. 金融期权
   C. 金融期货　　　　　　　　　　D. 金融互换

49. 下列哪些行为会增加公司的财务风险？（   ）
    A. 拆股   B. 发行新债   C. 增发新股   D. 发放股票股利
50. 在计算 VaR 的各种方法中，（   ）可涵盖非线性头寸的价格风险和波动性风险。
    A. 德尔塔—正态分布法   B. 蒙特卡罗模拟法
    C. 局部估值法   D. 完全模拟法

二、组合选择题（共 50 题，每小题·1 分，共 50 分。以下备选项中只有一项符合题目要求，不选、错选均不得分）

1. 间接融资的特征包括（   ）。
   Ⅰ. 资金使用受限制   Ⅱ. 分散性
   Ⅲ. 相对集中性   Ⅳ. 相对较强的自主性
   A. Ⅰ、Ⅱ   B. Ⅰ、Ⅲ   C. Ⅰ、Ⅱ、Ⅲ   D. Ⅱ、Ⅲ、Ⅳ

2. 一般来说，参与证券投资的经营性金融机构有（   ）等。
   Ⅰ. 证券经营机构   Ⅱ. 保险经营机构
   Ⅲ. 中央银行   Ⅳ. 银行业金融机构
   A. Ⅰ、Ⅱ、Ⅲ   B. Ⅰ、Ⅱ、Ⅳ   C. Ⅰ、Ⅲ、Ⅳ   D. Ⅱ、Ⅲ、Ⅳ

3. 按照不同标准分类，金融市场可划分为（   ）。
   Ⅰ. 货币市场和资本市场   Ⅱ. 现货市场、期货市场和衍生品市场
   Ⅲ. 发行市场和流通市场   Ⅳ. 国内金融市场和国际金融市场
   A. Ⅰ、Ⅱ   B. Ⅲ、Ⅳ   C. Ⅱ、Ⅲ、Ⅳ   D. Ⅰ、Ⅱ、Ⅲ、Ⅳ

4. 以下关于中央银行货币政策对证券市场影响的论述，正确的有（   ）。
   Ⅰ. 如果中央银行降低存款准备金率或降低再贴现率，通常都会导致证券市场行情上扬
   Ⅱ. 如果中央银行提高存款准备金率，通过货币乘数的作用，使货币供应量更大幅度地减少，证券市场趋于下跌
   Ⅲ. 如果中央银行降低存款准备金率或降低再贴现率，通常都会导致证券市场行情下跌
   Ⅳ. 如果中央银行提高再贴现率，对再贴现资格加以严格审查，商业银行资金成本增加，市场贴现利率上升，社会信用收缩，证券市场的资金供应减少，使证券市场走势趋软
   A. Ⅰ、Ⅱ、Ⅲ   B. Ⅰ、Ⅱ、Ⅳ   C. Ⅰ、Ⅲ、Ⅳ

5. 关于中小企业板，下列说法正确的是（   ）。
   Ⅰ. 2004 年 5 月批准成立
   Ⅱ. 在上海证券交易所设立
   Ⅲ. 宗旨是为优秀中小企业提供直接融资平台
   Ⅳ. 是分步推进创业板市场建设的一个重要步骤
   A. Ⅱ、Ⅲ   B. Ⅲ、Ⅳ   C. Ⅰ、Ⅱ、Ⅳ   D. Ⅰ、Ⅲ、Ⅳ

6. 证券公司是证券市场投资服务的提供者，其中为证券发行人和投资者提供专业化的

中介服务有（　　）。
　　Ⅰ．证券发行　　　　Ⅱ．上市保荐　　　Ⅲ．代理证券买卖　　Ⅳ．资金存取
　　A．Ⅰ、Ⅱ　　　　　B．Ⅰ、Ⅳ　　　　　C．Ⅰ、Ⅱ、Ⅲ　　　D．Ⅱ、Ⅲ、Ⅳ

7. 证券服务机构包括（　　）等从事证券服务业务的机构。
　　Ⅰ．资信评级机构　　Ⅱ．投资评级机构　　Ⅲ．资产评估机构　　Ⅳ．财务评估机构
　　A．Ⅰ、Ⅱ　　　　　B．Ⅰ、Ⅲ　　　　　C．Ⅱ、Ⅲ　　　　　D．Ⅱ、Ⅳ

8. 根据《证券公司合规管理试行规定》，证券公司合规总监的职责包括（　　）。
　　Ⅰ．组织合规培训
　　Ⅱ．处理涉及公司和工作人员违法违规行为的投诉和举报
　　Ⅲ．组织实施公司反洗钱和信息隔离墙制度
　　Ⅳ．负责公司的法律诉讼
　　A．Ⅰ、Ⅱ、Ⅲ　　　B．Ⅰ、Ⅱ、Ⅳ　　　C．Ⅰ、Ⅲ、Ⅳ　　　D．Ⅱ、Ⅲ、Ⅳ

9. 设立证券公司需要符合的条件有（　　）。
　　Ⅰ．有与公司经营业务范围相应的注册资本
　　Ⅱ．主要股东具有持续盈利能力，信誉良好
　　Ⅲ．有完善的风险管理和内部控制制度
　　Ⅳ．董事、监事、高级管理人员具备任职资格
　　A．Ⅰ、Ⅱ、Ⅲ、Ⅳ　　　　　　　　　　B．Ⅰ、Ⅱ、Ⅳ
　　C．Ⅱ、Ⅲ　　　　　　　　　　　　　　D．Ⅰ、Ⅲ

10. 证券经纪人可以代理证券公司进行（　　）。
　　Ⅰ．产品销售　　　　Ⅱ．客户服务　　　Ⅲ．代理客户下单　　Ⅳ．客户招揽
　　A．Ⅰ、Ⅱ、Ⅲ　　　B．Ⅰ、Ⅱ、Ⅳ　　　C．Ⅰ、Ⅲ、Ⅳ　　　D．Ⅰ、Ⅱ、Ⅳ

11. 证券交易所的组织形式大致可以分为（　　）。
　　Ⅰ．公司制　　　　　Ⅱ．会员制　　　　　Ⅲ．经纪制　　　　　Ⅳ．混合制
　　A．Ⅰ、Ⅱ　　　　　B．Ⅰ、Ⅳ　　　　　C．Ⅲ、Ⅳ　　　　　D．Ⅱ、Ⅲ、Ⅳ

12. 下列有关证券交易所特征的表述，正确的有（　　）。
　　Ⅰ．一般投资者可以直接进入交易所买卖证券
　　Ⅱ．有固定的交易场所和交易时间
　　Ⅲ．通过公开竞价的方式决定交易价格
　　Ⅳ．交易的对象限于合乎一定标准的上市证券
　　A．Ⅰ、Ⅱ、Ⅲ　　　B．Ⅰ、Ⅱ、Ⅳ　　　C．Ⅰ、Ⅲ、Ⅳ　　　D．Ⅱ、Ⅲ、Ⅳ

13. 国务院证券监督管理机构由（　　）组成。
　　Ⅰ．中国证券监督管理委员会
　　Ⅱ．中国证券监督管理委员会的派出机构
　　Ⅲ．地方政府金融办
　　Ⅳ．国务院国有资产管理委员会
　　A．Ⅰ、Ⅱ　　　　　B．Ⅰ、Ⅲ　　　　　C．Ⅱ、Ⅲ　　　　　D．Ⅰ、Ⅱ、Ⅳ

14. 公司股东依法享有（　　）权利。

Ⅰ．参与重大决策　　　　　　　　Ⅱ．资产收益

　　Ⅲ．选择管理者　　　　　　　　　Ⅳ．日常经营

　　A．Ⅰ、Ⅱ、Ⅲ　　B．Ⅰ、Ⅱ、Ⅳ　　C．Ⅰ、Ⅲ、Ⅳ　　D．Ⅱ、Ⅲ、Ⅳ

15．下列股票类型和字母能对应的是（　　）。

　　Ⅰ．股权分置改革的复牌股：G股　　Ⅱ．伦敦股：L股

　　Ⅲ．新股：N股　　　　　　　　　　Ⅳ．新加坡股：S股

　　A．Ⅰ、Ⅱ、Ⅲ　　B．Ⅰ、Ⅱ、Ⅳ　　C．Ⅰ、Ⅲ、Ⅳ　　D．Ⅱ、Ⅲ、Ⅳ

16．公司发行记名股票的，应当置备股东名册，其中（　　）是股东名册的必备事项。

　　Ⅰ．股东的姓名或者名称及住所　　Ⅱ．各股东所持股份数

　　Ⅲ．各股东所持股票的编号　　　　Ⅳ．各股东可以卖出股票的日期

　　A．Ⅰ、Ⅳ　　　　B．Ⅱ、Ⅲ　　　　C．Ⅰ、Ⅱ、Ⅲ　　D．Ⅱ、Ⅲ、Ⅳ

17．普通股股东行使资产收益权的限制条件包括（　　）。

　　Ⅰ．公司对现金的需要　　　　　　Ⅱ．股东所处的地位

　　Ⅲ．法律方面的限制　　　　　　　Ⅳ．公司进入资本市场获得资金的能力

　　A．Ⅰ、Ⅱ、Ⅲ、Ⅳ　　　　　　　　B．Ⅰ、Ⅲ、Ⅳ

　　C．Ⅱ、Ⅲ　　　　　　　　　　　　D．Ⅰ、Ⅱ

18．下列关于无记名股票的说法中，正确的是（　　）。

　　Ⅰ．无记名股票发行时一般留有存根联

　　Ⅱ．我国《公司法》规定，发行无记名股票的公司应该记载其股票数量、编号、发行日期

　　Ⅲ．无记名股票是指在股票票面和股份公司股东名册上均不记载股东姓名

　　Ⅳ．存根联分为两部分，一是股票的主体，记载公司的有关事项；另一部分是股息票

　　A．Ⅰ、Ⅱ、Ⅲ、Ⅳ　　　　　　　　B．Ⅰ、Ⅱ、Ⅳ

　　C．Ⅰ、Ⅱ、Ⅲ　　　　　　　　　　D．Ⅲ、Ⅳ

19．下列关于上市公司配股的特别规定中，表述正确的有（　　）。

　　Ⅰ．控股股东应当在股东大会召开前公开承诺认配股份的数量

　　Ⅱ．控股股东不履行认配股份的承诺，发行人应当按照发行价双倍返还已经认购的股东

　　Ⅲ．拟配售股份数量不超过本次配售股份前股本总额的30%

　　Ⅳ．采用《证券法》规定的代销方式发行

　　A．Ⅰ、Ⅱ、Ⅲ　　B．Ⅰ、Ⅱ、Ⅳ　　C．Ⅰ、Ⅲ、Ⅳ　　D．Ⅱ、Ⅲ、Ⅳ

20．关于股票上网发行资金申请程序，下列说法正确的有（　　）。

　　Ⅰ．发行结束后，主承销商完成上网发行新股股东的股份登记

　　Ⅱ．会计师事务所必须对申购资金的到位情况进行核查，并出具验资报告

　　Ⅲ．申购期间由中国结算公司分公司对申购资金进行冻结

　　Ⅳ．申购资金必须在申购前足额存入资金账户，否则申购无效

　　A．Ⅱ、Ⅳ　　　　B．Ⅱ、Ⅲ　　　　C．Ⅰ、Ⅳ　　　　D．Ⅰ、Ⅱ

21. 股价指数的编制方法有（　　）。
    Ⅰ．简单算术股价指数　　　　　　Ⅱ．加权股价指数
    Ⅲ．修正股价指数　　　　　　　　Ⅳ．平均股价指数
    A．Ⅰ、Ⅱ　　　　B．Ⅱ、Ⅲ　　　　C．Ⅲ、Ⅳ　　　　D．Ⅰ、Ⅱ、Ⅲ、Ⅳ

22. 香港恒生流通综合指数系列包括（　　）。
    Ⅰ．恒生流通综合指数　　　　　　Ⅱ．恒生香港流通指数
    Ⅲ．恒生中国内地流通指数　　　　Ⅳ．恒生香港综合指数
    A．Ⅰ、Ⅳ　　　　B．Ⅱ、Ⅲ　　　　C．Ⅰ、Ⅱ、Ⅲ　　　D．Ⅰ、Ⅱ、Ⅳ

23. 上海证券交易所和深圳证券交易所都编制（　　）等证券指数，以反映证券交易总体价格或者某类证券价格的变化和走势。
    Ⅰ．综合指数　　　　　　　　　　Ⅱ．分类指数
    Ⅲ．成份指数　　　　　　　　　　Ⅳ．中小企业板指数
    A．Ⅰ、Ⅲ　　　　B．Ⅰ、Ⅳ　　　　C．Ⅱ、Ⅲ　　　　D．Ⅱ、Ⅳ

24. 根据举借债务对筹集资金使用方向的规定，国债可以分为（　　）。
    Ⅰ．赤字国债　　Ⅱ．建设国债　　Ⅲ．战争国债　　Ⅳ．特种国债
    A．Ⅱ、Ⅲ　　　　B．Ⅰ、Ⅱ、Ⅳ　　C．Ⅰ、Ⅲ、Ⅳ　　D．Ⅰ、Ⅱ、Ⅲ、Ⅳ

25. 下列属于政府债券的是（　　）。
    Ⅰ．中央政府债券　　　　　　　　Ⅱ．地方政府债券
    Ⅲ．公债　　　　　　　　　　　　Ⅳ．企业债券
    A．Ⅲ、Ⅳ　　　　B．Ⅰ、Ⅱ、Ⅲ　　C．Ⅰ、Ⅱ、Ⅳ　　D．Ⅰ、Ⅱ、Ⅲ、Ⅳ

26. 金融债券的发行主体包括（　　）。
    Ⅰ．银行　　　　　　　　　　　　Ⅱ．公司
    Ⅲ．非银行的金融机构　　　　　　Ⅳ．政府
    A．Ⅰ、Ⅱ　　　　B．Ⅰ、Ⅲ　　　　C．Ⅰ、Ⅱ、Ⅲ　　　D．Ⅲ、Ⅳ

27. 国际债券同国内债券相比具有一定的特殊性，主要表现在（　　）。
    Ⅰ．资金来源广、发行规模大　　　Ⅱ．存在利率风险
    Ⅲ．有国家主权保障　　　　　　　Ⅳ．以自由兑换货币作为计量货币
    A．Ⅰ、Ⅱ　　　　B．Ⅰ、Ⅲ、Ⅳ　　C．Ⅱ、Ⅲ、Ⅳ　　D．Ⅰ、Ⅱ、Ⅲ、Ⅳ

28. 我国的混合资本债券具有的基本特征包括（　　）。
    Ⅰ．期限在15年以上
    Ⅱ．发行之日起5年内不得赎回
    Ⅲ．到期前若发行人核心资本充足率低于4%，可以延期支付利息
    Ⅳ．清算时本金和利息清偿顺序列于次级债务之后
    A．Ⅰ、Ⅱ、Ⅲ　　B．Ⅰ、Ⅱ、Ⅳ　　C．Ⅰ、Ⅲ、Ⅳ　　D．Ⅱ、Ⅲ、Ⅳ

29. 债券信用评级机构应披露以下（　　）信息，并接受公众关于信用评级的质询。
    Ⅰ．在本机构网站公开披露并及时更新公司基本信息、基础设施建设情况和信用评级体系基础信息
    Ⅱ．于每年12月31日前在本机构网站和中国银行间市场交易商协会网站公开披露

上一年度信用评级业务开展和合规情况
Ⅲ. 信用评级机构的收费标准
Ⅳ. 相关法律法规及主管部门等要求披露的其他信息
A. Ⅰ、Ⅱ、Ⅲ、Ⅳ   B. Ⅱ、Ⅲ、Ⅳ
C. Ⅰ、Ⅱ、Ⅳ   D. Ⅰ、Ⅳ

30. 有关证券公司次级债，下列说法正确的是（   ）。
    Ⅰ. 证券公司向其他证券公司借入长期次级债务或发行长期次级债券的，作为债权人的证券公司在计算自身净资本时，应将借出或融出资金金额扣除
    Ⅱ. 证券公司不得向其实际控制的子公司借入或发行次级债
    Ⅲ. 证券公司风险控制指标不符合规定标准或偿还次级债务后将导致控制指标不符合规定标准的，不得偿还到期次级债券本息
    Ⅳ. 证券公司提前偿还长期次级债务后1年之内不得再次借入新的长期次级债务，1年之后新借入的次级债务应先按原提前偿还的长期次级债务剩余到期期限对应的比例计入净资本，在提前偿还的次级债务合同期限届满后，再按规定比例计入净资本
    A. Ⅰ、Ⅱ、Ⅲ   B. Ⅰ、Ⅱ、Ⅳ   C. Ⅰ、Ⅲ、Ⅳ   D. Ⅰ、Ⅱ、Ⅲ、Ⅳ

31. 在企业债券再度发展期阶段，我国企业债券发行出现的明显变化有（   ）。
    Ⅰ. 在发行主体上，突破了大型国有企业的限制
    Ⅱ. 在发债募集资金的用途上，改变了以往仅用于基础设施建设或技改项目，开始用于替代发行主体的银团贷款
    Ⅲ. 在债券发行方式上，将符合国际惯例的路演询价方式引入企业债券一级市场
    Ⅳ. 在期限结构上，推出了我国超长期、固定利率企业债券
    A. Ⅰ、Ⅱ、Ⅲ、Ⅳ   B. Ⅱ、Ⅲ、Ⅳ
    C. Ⅲ、Ⅳ   D. Ⅰ、Ⅱ

32. 上市公司存在下列（   ）情形之一的，不得非公开发行股票。
    Ⅰ. 上市公司及其附属公司违规对外提供担保且尚未解除
    Ⅱ. 现任董事、高级管理人员最近12个月内受到过证券交易所公开谴责
    Ⅲ. 上市公司的权益被控股股东或实际控制人严重损害且尚未消除
    Ⅳ. 最近3年及一期财务报表被注册会计师出具保留意见、否定意见或无法表示意见的审计报告
    A. Ⅰ、Ⅱ、Ⅲ   B. Ⅰ、Ⅲ、Ⅳ   C. Ⅰ、Ⅱ、Ⅳ   D. Ⅱ、Ⅲ、Ⅳ

33. 关于同业拆借市场的特点，以下说法正确的是（   ）。
    Ⅰ. 融资期限短   Ⅱ. 对市场参与者信誉有较高的要求
    Ⅲ. 市场准入严格   Ⅳ. 利率由双方协商决定
    A. Ⅰ、Ⅱ、Ⅲ、Ⅳ   B. Ⅱ、Ⅲ、Ⅳ
    C. Ⅰ、Ⅱ、Ⅲ   D. Ⅰ、Ⅳ

34. 通过全国银行间同业拆借中心交易系统进行的债券交易，包括（   ）。
    Ⅰ. 现券买卖   Ⅱ. 质押式回购   Ⅲ. 买断式回购   Ⅳ. 债券借贷

Ⅴ. 债券期货
A. Ⅰ、Ⅲ、Ⅴ　　　　　　　　　　B. Ⅰ、Ⅱ、Ⅲ、Ⅳ
C. Ⅰ、Ⅱ、Ⅳ、Ⅴ　　　　　　　　D. Ⅱ、Ⅲ、Ⅳ、Ⅴ

35. 中国人民银行指定办理银行间债券登记、托管与结算的机构是（　　）。
    Ⅰ. 中国银行　　　　　　　　　　Ⅱ. 上海清算所
    Ⅲ. 中央国债登记结算有限责任公司　Ⅳ. 陆金所
    A. Ⅰ、Ⅲ　　B. Ⅱ、Ⅲ　　C. Ⅱ、Ⅳ　　D. Ⅲ、Ⅳ

36. 公开募集基金的基金管理人不得进行的行为包括（　　）。
    Ⅰ. 将其固有财产或者他人财产独立于基金财产从事证券投资
    Ⅱ. 不公平地对待其管理的不同基金财产
    Ⅲ. 以基金的名义代表基金份额持有人利益行使诉讼权利
    Ⅳ. 计算并公告基金资产净值，确定基金份额申购、赎回价格
    A. Ⅰ、Ⅳ　　B. Ⅰ、Ⅲ　　C. Ⅱ、Ⅲ　　D. Ⅱ、Ⅳ

37. 给出下列选项中（　　）的数据，可以计算出基金负债。
    Ⅰ. 基金总份额　　　　　　　　　Ⅱ. 基金份额净值
    Ⅲ. 申购基金份额　　　　　　　　Ⅳ. 基金资产总值
    A. Ⅰ、Ⅲ　　B. Ⅱ、Ⅳ　　C. Ⅰ、Ⅱ、Ⅳ　　D. Ⅱ、Ⅲ、Ⅳ

38. 证券投资基金的特点是（　　）。
    Ⅰ. 基金管理人管理　　　　　　　Ⅱ. 基金托管人托管
    Ⅲ. 受益人为基金份额持有人　　　Ⅳ. 以资产组合方式进行证券投资
    A. Ⅰ、Ⅱ、Ⅲ、Ⅳ　　　　　　　B. Ⅱ、Ⅲ、Ⅳ
    C. Ⅰ、Ⅱ、Ⅲ　　　　　　　　　D. Ⅰ、Ⅱ、Ⅳ

39. 符合基金资产估值规则的是（　　）。
    Ⅰ. 基金管理人应于每个交易日当天对基金资产进行估值
    Ⅱ. 遇到某些特殊情况，可以暂停估值
    Ⅲ. 采用估值技术确定公允价值时，应尽可能使用市场参与者在定价时考虑的所有市场参数
    Ⅳ. 基金资产估值的目的是客观、准确地反映基金资产的价值
    A. Ⅰ、Ⅲ　　B. Ⅰ、Ⅱ、Ⅳ　　C. Ⅱ、Ⅲ、Ⅳ　　D. Ⅰ、Ⅱ、Ⅲ、Ⅳ

40. 通过为保险资金提供专业化的投资服务和投资于货币市场，证券投资基金行业的发展有利于促进（　　）。
    Ⅰ. 保险市场的发展壮大
    Ⅱ. 货币市场的发展壮大
    Ⅲ. 增强证券市场与保险市场之间的协同
    Ⅳ. 增强证券市场与货币市场之间的协同
    A. Ⅰ、Ⅱ、Ⅲ、Ⅳ　　　　　　　B. Ⅱ、Ⅳ
    C. Ⅰ、Ⅲ　　　　　　　　　　　D. Ⅰ、Ⅱ

41. 具有一定经济实力的金融机构申请取得基金托管资格，应当具备（　　）条件。

Ⅰ．净资产和资本充足率符合有关规定

Ⅱ．设有专门的基金托管部门

Ⅲ．有安全保管基金财产的条件

Ⅳ．有安全高效的清算、交割系统

A．Ⅰ、Ⅱ、Ⅲ、Ⅳ B．Ⅰ、Ⅱ、Ⅲ
C．Ⅱ、Ⅳ D．Ⅰ、Ⅲ

42．基金份额持有人是（　　）。

Ⅰ．基金的出资人　　　　　　Ⅱ．基金资产的所有者

Ⅲ．基金投资回报的受益人　　Ⅳ．基金的管理者

A．Ⅰ、Ⅱ、Ⅲ、Ⅳ B．Ⅰ、Ⅲ、Ⅳ
C．Ⅰ、Ⅱ、Ⅲ D．Ⅰ、Ⅲ

43．根据ETF的具体指数的不同，股票型ETF可进一步细分为（　　）等。

Ⅰ．全球指数ETF　　　　　　Ⅱ．综合指数ETF

Ⅲ．行业指数ETF　　　　　　Ⅳ．风格指数ETF

A．Ⅰ、Ⅱ、Ⅲ、Ⅳ B．Ⅱ、Ⅲ、Ⅳ
C．Ⅰ、Ⅱ、Ⅲ D．Ⅰ、Ⅳ

44．以下属于套期保值基本原则的是（　　）。

Ⅰ．交易方向相反　　　　　　Ⅱ．种类相同或相关

Ⅲ．数量相等　　Ⅳ．月份相同或相近

A．Ⅱ、Ⅲ B．Ⅲ、Ⅳ C．Ⅰ、Ⅱ、Ⅳ D．Ⅰ、Ⅱ、Ⅲ、Ⅳ

45．金融期货交易与普通远期交易的区别有（　　）。

Ⅰ．交易场所和交易组织方式不同

Ⅱ．交易的监管程度不同

Ⅲ．远期交易是标准化交易，金融期货的内容可以协商确定

Ⅳ．违约风险不同

A．Ⅰ、Ⅱ、Ⅲ B．Ⅰ、Ⅱ、Ⅳ C．Ⅰ、Ⅲ、Ⅳ D．Ⅱ、Ⅲ、Ⅳ

46．一般而言，套利交易需要遵循（　　）等原则。

Ⅰ．买卖方向对应　　　　　　Ⅱ．买卖数量相等

Ⅲ．同时建仓　　　　　　　　Ⅳ．同时对冲

A．Ⅰ、Ⅱ B．Ⅰ、Ⅳ C．Ⅰ、Ⅱ、Ⅳ D．Ⅰ、Ⅱ、Ⅲ、Ⅳ

47．套期保值的基本做法是（　　）。

Ⅰ．持有现货空头、买入期货合约　　Ⅱ．持有现货多头、卖出期货合约

Ⅲ．多头套期保值　　　　　　Ⅳ．空头套期保值

A．Ⅰ、Ⅱ、Ⅲ、Ⅳ B．Ⅰ、Ⅱ、Ⅲ
C．Ⅲ、Ⅳ D．Ⅰ、Ⅱ

48．以下关于金融期货与金融期权交易者权利和义务的对称性的说法，正确的是（　　）。

Ⅰ．金融期货交易双方的权利与义务对称

Ⅱ. 金融期货交易双方的权利与义务不对称
Ⅲ. 期权的买方只有权利没有义务
Ⅳ. 期权的卖方只有义务没有权利
A. Ⅰ、Ⅱ、Ⅳ　　B. Ⅰ、Ⅲ、Ⅳ　　C. Ⅱ、Ⅲ、Ⅳ　　D. Ⅲ、Ⅳ

49. 金融实践中，通常将金融风险可能造成的损失分为（　　）。
Ⅰ. 预期损失　　Ⅱ. 非预期损失　　Ⅲ. 灾难性损失　　Ⅳ. 意外性损失
A. Ⅱ、Ⅲ、Ⅳ　　B. Ⅰ、Ⅲ、Ⅳ　　C. Ⅰ、Ⅱ、Ⅳ　　D. Ⅰ、Ⅱ、Ⅲ

50. 风险管理的过程包括（　　）。
Ⅰ. 金融风险的度量　　　　　　Ⅱ. 金融风险管理方案的实施和评价
Ⅲ. 风险报告　　　　　　　　　Ⅳ. 风险管理的评估
A. Ⅰ、Ⅱ、Ⅲ、Ⅳ　　B. Ⅱ、Ⅲ、Ⅳ
C. Ⅰ、Ⅱ、Ⅲ　　　　D. Ⅰ、Ⅲ

模拟试卷（一）参考答案及解析

一、单项选择题

1. 【答案】　A

【解析】证券发行市场又称一级市场或初级市场，是发行人以筹集资金为目的，按照一定的法律规定和发行程序，向投资者出售新证券所形成的市场。证券交易市场又称二级市场或次级市场，是已发行的证券通过买卖交易实现流通转让的市场。

2. 【答案】　B

【解析】1990年11月，第一家证券交易所上海证券交易所成立；同年12月，深圳证券交易所成立。

3. 【答案】　D

【解析】三板市场包括场外交易市场的全国中小企业股份转让系统（俗称新三板）、区域性股权交易市场和证券公司主导的柜台市场，主要解决企业发展过程中处于初创阶段中后期和幼稚阶段初期的中小企业在筹集资本性资金方面的问题，以及这些企业的资产价值（包括知识产权）评价、风险分散和风险投资的股权交易问题。

4. 【答案】　C

【解析】直接融资，是指在没有金融中介机构介入的情况下，以股票、债券为主要金融工具进行资金融通的方式。资金供给者与资金需求者通过股票、债券等金融工具直接融通资金的场所，即为直接融资市场，也称为证券市场。

5. 【答案】　D

【解析】一般来讲，机构投资者是指符合法律法规规定可以投资证券投资基金的在中国合法注册登记并存续或经政府有关部门批准设立的机构。从广义上讲是指用自有资金或者从分散的公众手中筹集的资金专门进行有价证券投资活动的法人机构。

6. 【答案】　A

【解析】1998年12月，我国颁布了《中华人民共和国证券法》。依据《证券法》规定，证券公司实行分类管理，分为经纪类和综合类证券公司。

7.【答案】 D

【解析】转融通业务，是指证券金融公司将自有或者依法筹集的资金和证券出借给证券公司，以供其办理融资融券业务的经营活动。

8.【答案】 B

【解析】证券公司中间介绍业务是指证券公司接受期货经纪商的委托，为期货经纪商介绍客户参与期货交易并提供其他相关服务的业务活动。

9.【答案】 A

【解析】根据《注册会计师执行证券、期货相关业务许可证管理规定》第五条，注册会计师申请证券许可证，需取得注册会计师证书1年以上。

10.【答案】 B

【解析】1991年7月3日，深圳证券交易所正式开业，在开业前曾经历了7个月的试营业。在试营业时期，深圳证券交易所上市的股票仅深安达A一只，即今天的北大高科。

11.【答案】 A

【解析】根据《证券法》规定，证券公司根据投资者的委托，按照证券交易规则提出交易申报，参与证券交易所场内的集中交易，并根据成交结果承担相应的清算交收责任；证券登记结算机构根据成交结果，按照清算交收规则，与证券公司进行证券和资金的清算交收，并为证券公司客户办理证券的登记过户手续。

12.【答案】 C

【解析】理事会是会员大会的执行机构，在会员大会闭会期间领导协会开展日常工作，对会员大会负责。理事任期四年，可连选连任。协会因特殊情况需提前或延期换届的，须由理事会表决通过，报中国证监会审查并经民政部批准同意，但延期换届最长不超过1年。

13.【答案】 A

【解析】证券市场监管的行政手段比较直接，但运用不当可能违背市场规律，无法发挥作用甚至遭到惩罚。一般多在证券市场发展初期，法制尚不健全、市场机制尚未理顺或遇突发性事件时使用。

14.【答案】 A

【解析】股票是一种所有权凭证，实质上代表了股东对股份公司净资产的所有权，股东依法享有资产收益、重大决策、选择管理者等权利，同时也承担相应的责任与风险。

15.【答案】 A

【解析】在自由竞价的股票市场中，股票的市场价格不断变动。引起股票价格变动的直接原因是供求关系的变化或者说是买卖双方力量强弱的转换。

16.【答案】 A

【解析】与普通股相比，优先股的收益率相对较低，风险相对较小，为投资者提供了比较稳定的收益，扩展了投资品类。

17.【答案】 D

【解析】股份回购具有信号效应，公司基于其内部信息优势，一般会在股价较低的时候实施股份回购。

18. 【答案】 A

【解析】上市公司增发的网上定价发行与网下询价配售相结合,即网下按机构投资者累计投标询价结果定价并配售,网上对公众投资者定价发行。采用此种发行方式时,在承销期开始前,发行人和主承销商可以不确定发行定价和上网发行量(也可以确定上网发行量)。

19. 【答案】 D

【解析】注册制度实质上是一种发行公司的财务公开制度,是指发行人在发行证券之前,必须按照法律向主管机关申请注册的制度。

20. 【答案】 A

【解析】在账户记录上,由于实现了无纸化,证券登记结算机构一般以证券公司为单位,采用电脑记账方式记载证券公司交给的证券;证券公司也采用电脑记账的方式记载投资者的证券。对股权、债权变更引起的证券转移,通过账面予以划转。

21. 【答案】 D

【解析】股价平均数是采用股价平均法,用以度量所有样本股经调整后的价格水平的平均值,可分为简单算术股价平均数、加权股价平均数和修正股价平均数。

22. 【答案】 C

【解析】目前,我国证券交易所采用两种竞价方式:连续竞价方式和集合竞价方式。其中,连续竞价是指对买卖申报逐笔连续撮合的竞价方式。

23. 【答案】 D

【解析】上海证券交易所证券交易的收盘价为当日该证券最后一笔交易前1分钟所有交易的成交量加权平均价。当日无成交的,以前收盘价为当日收盘价。

24. 【答案】 A

【解析】沪股通是指中国香港投资者委托中国香港经纪商,经由香港联交所设立的证券交易服务公司,向上交所进行申报,买卖规定范围内的上交所上市的股票。

25. 【答案】 C

【解析】为了防范市场操纵风险,投资者融券卖出的申报价格不得低于该证券的最新成交价;当天没有产生成交的,申报价格不得低于其前收盘价。低于上述价格的申报为无效申报。

26. 【答案】 C

【解析】债券的票面利率,也称名义利率,是债券年利息与债券票面价值的比率。

27. 【答案】 C

【解析】政府债券具有如下特征:①安全性高,在各类债券中,政府债券的信用等级是最高的,通常被称为"金边债券";②收益稳定,政府债券信用度最高,风险最小,收益稳定;③流通性强,政府债券的发行量大、信用好、竞争力强、市场属性好,不仅可以在证券交易所上市交易,还可以在场外市场进行买卖;④免税待遇。

28. 【答案】 A

【解析】地方政府债券简称地方债券,又称"地方公债"或"地方债",是地方政府根据本地区经济发展和资金需求状况,以承担还本付息责任为前提,向社会筹集资金的债务凭证,一般以当地政府的税收能力作为还本付息的担保。

29. 【答案】 C

【解析】从1982年首次发行国际债券至今，我国各类筹资主体已在国际债券市场发行了100多次债券。目前主要的债券品种包括：①政府债券；②金融债券；③可转换公司债券。

30. 【答案】 D

【解析】企业发行企业债券所筹资金应当按照审批机关批准的用途用于本企业的生产经营。企业债券筹集的资金可用于固定资产投资项目、收购产权（股权）、调整债务结构和补充营运资金，不得用于房地产买卖、股票买卖和期货交易等与本企业生产经营无关的风险性投资。

31. 【答案】 D

【解析】财政部代理发行地方政府债券，采用面向记账式国债承销团招标发行，采用单一价格荷兰式招标方式，招标标的为利率。

32. 【答案】 A

【解析】根据《上市公司证券发行管理办法》第四十条，上市公司申请发行证券，董事会应当依法就下列事项作出决议，并提请股东大会批准：①本次证券发行的方案；②本次募集资金使用的可行性报告；③前次募集资金使用的报告；④其他必须明确的事项。

33. 【答案】 B

【解析】凭证式国债是一种不可上市流通的储蓄型债券，由具备凭证式国债承销团资格的机构承销。财政部和中国人民银行一般每年确定一次凭证式国债承销团资格。

34. 【答案】 C

【解析】根据《全国银行间债券市场债券交易管理办法》第四条，全国银行间债券市场回购的债券是经中国人民银行批准、可用于在全国银行间债券市场交易的政府债券、中央银行债券和金融债券等记账式债券。

35. 【答案】 A

【解析】债券的净价报价是扣除累积应付利息后的报价。净价报价的优点是把利息累积因素从债券价格中剔除，能更好地反映债券价格的波动程度。

36. 【答案】 B

【解析】同业拆借中心为银行间债券市场做市商对公司债券的做市行为提供报价、成交等服务，并通过中国货币网披露公司债券的相关报价、成交信息。

37. 【答案】 A

【解析】债券交易中，报价是指每100元面值债券的价格，包括全价报价和净价报价两种报价方式。

38. 【答案】 A

【解析】证券投资基金具有以下五大特点：①集合理财、专业管理；②组合投资、分散风险；③利益共享、风险共担；④严格监管、信息透明；⑤独立托管、保障安全。其中，严格监管、信息透明要求基金监管机构通过依法行使审批或核准权，依法办理基金备案，对基金托管人、基金管理人以及其他从事基金活动的服务机构进行监督管理，对违法违规行为进行查处，对损害投资者利益的行为进行严厉的打击，并强制基金进行及时、准确、充分的信息披露。

39.【答案】 B

【解析】基金托管费通常按照基金资产净值的一定比率计算，逐日计提，按月支付，其费率会随基金种类不同而改变。

40.【答案】 B

【解析】根据募集方式的不同，可以将基金分为公募基金和私募基金。其中，私募基金又称非公开募集基金，是只能采取非公开方式，面向特定投资者募集发售的基金。

41.【答案】 C

【解析】公司型基金依据基金公司章程营运基金，契约型基金依据基金契约营运基金。

42.【答案】 D

【解析】基金反映的是一种信托关系，是一种受益凭证，投资者购买基金份额就成为基金的受益人。

43.【答案】 D

【解析】公募基金可以向社会公众公开发售基金份额和宣传推广，基金募集对象不固定，基金份额的投资金额要求较低，适合中小投资者参与；私募基金的投资范围较广，在基金运作和信息披露方面所受的限制和约束较少。

44.【答案】 A

【解析】分散风险指以科学的投资组合降低风险、提高收益，是基金的一大特点。

45.【答案】 A

【解析】由于期货交易的保证金比率很低，因此有高度的杠杆作用，这一杠杆作用使套期保值者能用少量的资金为价值量很大的现货资产找到回避价格风险的手段，也为投机者提供了用少量资金获取盈利的机会。

46.【答案】 B

【解析】金融互换是指两个或两个以上的当事人按共同商定的条件，在约定的时间内定期交换现金流的金融交易，可分为货币互换、利率互换、股权互换、信用违约互换等类别。

47.【答案】 A

【解析】交易者之所以买入看涨期权，是因为他预期基础金融工具的价格在合约期限内将会上涨。如果判断正确，按协定价格买入该项金融工具并以市价卖出，可赚取市价与协定价格之间的差额；如果判断失误，则放弃行权，仅损失期权费。

48.【答案】 C

【解析】金融期货是指交易双方在集中的交易场所，以公开竞价方式，达成在将来某一特定时间交收标准数量特定金融工具的协议。金融期货主要包括货币期货、利率期货、股票指数期货和股票期货。

49.【答案】 B

【解析】股份公司在营运中所需要的资金一般都来自发行股票和债务两个方面，其中债务的利息负担是一定的，发行新债会使公司资金总量中债务比重加大，从而使股东的可分配盈利减少，股息下降，使股票投资的财务风险增加。

50.【答案】 B

【解析】蒙特卡罗模拟法的优点是：①可涵盖非线性资产头寸的价格风险、波动性风险，甚至可以计算信用风险；②可处理时间变异的变量、厚尾、不对称等非正态分布和极端状况等特殊情景。

二、组合选择题

1.【答案】 B

【解析】间接融资的特点有：①间接性；②相对集中性；③融资的主动权主要掌握在金融中介手中；④贷款条件高；⑤融资风险大；⑥融资成本刚性化；⑦资金使用受限制。

2.【答案】 C

【解析】参与证券投资的政府机构主要指中央银行，参与证券投资的金融机构包括证券经营机构、银行业金融机构、保险经营机构以及其他金融机构等。

3.【答案】 B

【解析】按照不同标准，金融市场有不同的分类：①按照标的物的不同，金融市场可以分为货币市场、资本市场、外汇市场、黄金市场和保险市场；②按照交割方式的不同，可以将金融市场划分为现货市场、期货市场和期权市场；③按照交易程序，可以将金融市场划分为发行市场和流通市场；④按照地域的不同，可以将金融市场划分为国内金融市场和国际金融市场。

4.【答案】 B

【解析】从总体上来说，扩张性的货币政策将使得证券市场价格上扬；紧缩性的货币政策将使得证券市场价格下跌。Ⅲ项属于扩张性的货币政策，将会导致证券市场行情上扬。

5.【答案】 D

【解析】2004年5月，经国务院批准，中国证监会批复同意，深圳证券交易所在主板市场内设立中小企业板块市场。设立中小企业板块的宗旨是为主业突出、具有成长性和科技含量的中小企业提供直接融资平台，是我国多层次资本市场体系建设的一项重要内容，也是分步推进创业板市场建设的一个重要步骤。

6.【答案】 C

【解析】证券公司是证券市场重要的中介机构，在证券市场的运作中发挥着重要作用。一方面，证券公司是证券市场投融资服务的提供者，为证券发行人和投资者提供专业化的中介服务，如证券发行和上市保荐、承销、代理证券买卖等；另一方面，证券公司也是证券市场重要的机构投资者。

7.【答案】 B

【解析】证券服务机构是指依法设立的从事证券服务业务的法人机构。证券服务机构包括投资咨询机构、财务顾问机构、资信评级机构、资产评估机构、证券金融公司、会计师事务所、律师事务所等从事证券服务业务的机构。

8.【答案】 A

【解析】合规总监应当组织实施公司反洗钱和信息隔离墙制度，按照公司规定为高级管理人员、各部门和分支机构提供合规咨询、组织合规培训，处理涉及公司和工作人员违法违规行为的投诉和举报。

9.【答案】 A

【解析】设立证券公司需要符合以下条件：①对公司章程的要求；②对证券公司主要股东持续经营能力和净资产的要求；③与公司经营业务范围相应的注册资本；④公司的董事、监事和高级管理人员具有证券从业资格和胜任能力；⑤公司具有完善的风险管理与内部控制制度以及其他要求。

10.【答案】 B

【解析】根据《证券公司监督管理条例》的规定，证券公司从事证券经纪业务，可以委托证券公司以外的人员作为证券经纪人，代理其进行客户招揽、客户服务及产品销售等活动。

11.【答案】 A

【解析】证券交易所的组织形式大致可以分为两类，即公司制和会员制。公司制的证券交易所是以股份有限公司形式组织并以营利为目的的法人团体；会员制的证券交易所是一个由会员自愿组成的、不以营利为目的的社会法人团体。

12.【答案】 D

【解析】Ⅰ项，参加交易者为具备会员资格的证券经营机构，交易采取经纪制，即一般投资者不能直接进入交易所买卖证券，只能委托会员作为经纪人间接进行交易。

13.【答案】 A

【解析】国务院证券监督管理机构是我国证券市场监管机构，它依法对证券市场实行监督管理，维护证券市场秩序，保障其合法运行。国务院证券监督管理机构由中国证券监督管理委员会及其派出机构组成。

14.【答案】 A

【解析】普通股票的持有者是股份公司的基本股东，拥有的股东权是一种综合权利，按照我国《公司法》的规定，公司股东依法享有资产收益、参与重大决策和选择管理者等权利。

15.【答案】 B

【解析】在纽约、新加坡、伦敦上市的外资股分别被称为"N股"、"S股"、"L股"。此外，公司股权分置改革方案获得相关股东会议表决通过，公司股票复牌后，市场称这类股票为"G股"。

16.【答案】 C

【解析】公司发行记名股票的，应当置备股东名册，记载下列事项：股东的姓名或者名称及住所、各股东所持股份数、各股东所持股票的编号、各股东取得股票的日期。

17.【答案】 A

【解析】普通股股东行使资产收益权的限制条件包括：①法律上的限制，普通股股东能否分到红利以及分得多少，取决于公司的税后利润多少以及公司未来发展的需要；②其他方面的限制，如公司对现金的需要、股东所处的地位、公司的经营环境、公司进入资本市场获得资金的能力等。

18.【答案】 A

【解析】无记名股票，是指在股票票面和股份公司股东名册上均不记载股东姓名的股票。无记名股票发行时一般留有存根联，它在形式上分为两部分：①股票的主体，记载了有关公司的事项；②股息票，用于进行股息结算和行使增资权利。我国发行无记名股票的公司应当记载其股票数量、编号及发行日期。

19. 【答案】 C

【解析】 Ⅱ项，控股股东不履行认配股份的承诺，或者代销期限届满，原股东认购股票的数量未达到拟配售数量70%的，发行人应当按照发行价并加算银行同期存款利息返还已经认购的股东。

20. 【答案】 A

【解析】 Ⅰ项，网上发行结束后，由中国结算公司完成上网发行新股股东的股份登记；Ⅲ项，申购日后的第一个交易日（T+1日），由中国结算公司分公司进行申购资金冻结处理。

21. 【答案】 A

【解析】 股票价格指数是将计算期的股票价格或市值与某一基期的股票价格或市值相比较的相对变化值，用以反映市场股票价格的相对水平。股价指数的编制方法包括简单算术股价指数和加权股价指数两类。

22. 【答案】 C

【解析】 恒生流通综合指数系列由恒生流通综合指数、恒生香港流通指数和恒生中国内地流通指数组成，于2002年9月23日推出，以恒生综合指数系列为编制基础，与恒生综合指数相同，有200只成分股，并对成分股流通量作出调整。

23. 【答案】 A

【解析】 上海证券交易所和深圳证券交易所都编制综合指数和成分指数等证券指数，以反映证券交易总体价格或某类证券价格的变动和走势，随即时行情发布。

24. 【答案】 D

【解析】 按资金用途可将国债分为：①赤字国债，指用于弥补政府预算赤字的国债；②建设国债，指发债筹措的资金用于建设项目的国债；③战争国债，专指用于弥补战争费用的国债；④特种国债，指政府为了实施某种特殊政策而发行的国债。

25. 【答案】 B

【解析】 中央政府发行的债券被称为中央政府债券或者国债；地方政府发行的债券被称为地方政府债券。有时两者统称为公债。

26. 【答案】 B

【解析】 金融债券指的是银行及非银行金融机构依照法定程序发行并约定在一定期限内还本付息的有价证券，发行主体是银行和非银行金融机构。

27. 【答案】 B

【解析】 国际债券是一种跨国发行的债券，涉及两个或两个以上的国家，同国内债券相比，具有一定的特殊性：①资金来源广、发行规模大；②存在汇率风险；③有国家主权保障；④以自由兑换货币作为计量货币。

28. 【答案】 C

【解析】 Ⅱ项，我国混合资本债券期限在15年以上，发行之日起10年内不得赎回。

29. 【答案】 D

【解析】信用评级机构应披露以下信息,接受公众关于信用评级的质询:①在本机构网站公开披露并及时更新公司基本信息、基础设施建设情况和信用评级体系基础信息;②于每年4月30日前在本机构网站和中国银行间市场交易商协会网站公开披露上一年度信用评级业务开展和合规情况;③相关法律法规及主管部门等机构要求披露的其他信息。

30. 【答案】 A

【解析】Ⅳ项,证券公司提前偿还长期次级债务后1年之内再次借入新的长期次级债务的,新借入的次级债务应先按照提前偿还的长期次级债务剩余到期期限对应的比例计入净资本,在提前偿还的次级债务合同期限届满后,再按规定比例计入净资本。

31. 【答案】 A

【解析】除Ⅰ、Ⅱ、Ⅲ、Ⅳ四项外,在企业债券再度发展期阶段,我国企业债券发行出现的明显变化还有:①在投资者结构上,机构投资者逐渐成为企业债券的主要投资者;②在利率确定上,弹性越来越大;③我国企业债券的品种不断丰富。

32. 【答案】 A

【解析】Ⅳ项,上市公司最近一年及一期财务报表被注册会计师出具保留意见、否定意见或无法表示意见的审计报告的不得非公开发行股票,保留意见、否定意见或无法表示意见所涉及事项的重大影响已经消除或者本次发行涉及重大重组的除外。

33. 【答案】 A

【解析】除Ⅰ、Ⅱ、Ⅲ、Ⅳ四项外,同业拆借市场还有交易手段较先进,手续比较简便,成交时间较为迅捷的特点。

34. 【答案】 B

【解析】市场参与者之间的债券交易应当通过全国银行间同业拆借中心交易系统达成,债券交易一旦达成,不可撤销和变更。通过全国银行间同业拆借中心交易系统进行的债券交易包括现券买卖、债券质押式回购、债券买断式回购、债券远期、债券借贷等。

35. 【答案】 B

【解析】当前债券托管市场上总共有三家托管机构,分别是负责银行间债券市场托管的中央国债登记结算有限责任公司和银行间市场清算所股份有限公司(上海清算所),以及负责交易所债券市场托管的中国证券登记结算公司(中国结算公司)。

36. 【答案】 C

【解析】Ⅱ项,公开募集基金的基金管理人不得不公平地对待其管理的不同基金财产;Ⅲ项,依据《证券投资基金法》的规定,公开募集基金的基金管理人应当以基金管理人名义,代表基金份额持有人利益行使诉讼权利或者实施其他法律行为。

37. 【答案】 C

【解析】基金份额净值和基金资产净值的计算公式如下:基金份额净值=基金资产净值÷基金总份额;基金资产净值=基金资产总值-基金负债。由上述公式可得:基金负债=基金资产总值-基金总份额×基金份额净值。

38. 【答案】 A

【解析】证券投资基金作为一种利益共享、风险共担的集合投资方式,是通过公开发售基金份额来募集资金的，资金由基金托管人托管、基金管理人管理和运作，以资产组合方式为基金份额持有人的利益进行证券投资。

39. 【答案】 D

【解析】基金管理人应于每个交易日当天对基金资产进行估值，但遇到某些特殊情况，可以暂停估值。运用估值技术得出的结果，应反映估值日在公平条件下进行正常商业交易所采用的交易价格。采用估值技术确定公允价值时，应尽可能使用市场参与者在定价时考虑的所有市场参数，并应通过定期校验确保估值技术的有效性。基金资产估值的目的是客观、准确地反映基金资产的价值。

40. 【答案】 A

【解析】通过为保险资金提供专业化的投资服务和投资于货币市场，证券投资基金行业的发展有利于促进保险市场和货币市场的发展壮大，增强证券市场与保险市场、货币市场之间的协同，改善宏观经济政策和金融政策的传导机制，完善金融体系。

41. 【答案】 A

【解析】除Ⅰ、Ⅱ、Ⅲ、Ⅳ四项外，申请取得基金托管资格，还应当具备下列条件：①取得基金从业资格的专职人员达到法定人数；②有符合要求的营业场所、安全防范设施和与基金托管业务有关的其他设施；③有完善的内部稽核监控制度和风险控制制度；④法律、行政法规规定的和经国务院批准的国务院证券监督管理机构、国务院银行监督管理机构规定的其他条件。

42. 【答案】 C

【解析】Ⅳ项，基金管理者是基金产品的募集者和管理者。

43. 【答案】 A

【解析】根据ETF跟踪的具体标的指数性质的不同，可以将ETF分为股票型ETF、债券型ETF等。而在股票型ETF与债券型ETF中，又可以根据ETF跟踪的指数不同对股票型ETF与债券型ETF进行进一步细分，分为全球指数ETF、综合指数ETF、行业指数ETF、风格指数ETF（如成长型、价值型）等。

44. 【答案】 D

【解析】套期保值应遵循如下四个原则：①种类相同或相关原则；②数量相等或相当原则；③月份相同或相近原则；④交易方向相反原则。

45. 【答案】 B

【解析】Ⅲ项，金融期货交易是标准化交易，远期交易的内容可协商确定。

46. 【答案】 D

【解析】套利交易需要遵循的原则有：①买卖方向对应的原则；②买卖数量相等原则；③同时建仓的原则；④同时对冲原则；⑤合约相关性原则。

47. 【答案】 A

【解析】套期保值的基本类型有两种：①多头套期保值，是指持有现货空头（如持有股票空头）的交易者买入期货合约（建立期货多头）；②空头套期保值，是指持有现货多头（如持有股票多头）的交易者在期货市场卖出期货合约（建立期货空头）。

48. 【答案】 B

【解析】Ⅱ项，金融期货交易双方的权利与义务对称，而金融期权交易双方的权利与义务存在着明显的不对称性，期权的买方只有权利没有义务，而期权的卖方只有义务没有权利。

49.【答案】 D

【解析】风险不等同于损失本身。严格来说，损失是一个事后概念，而风险却是一个明确的事前概念。金融实践中，通常将金融风险可能造成的损失分为：①预期损失；②非预期损失；③灾难性损失。

50.【答案】 A

【解析】根据金融风险管理过程中各项任务的基本性质，将整个金融风险管理分为六个阶段，除Ⅰ、Ⅱ、Ⅲ、Ⅳ四项外，还有风险管理对策的选择和实施方案的设计以及风险确认和审计。

全国证券从业人员执业资格考试热题库

《金融市场基础知识》模拟试卷（二）

一、单项选择题（共 50 题，每小题 1 分，共 50 分。以下备选项中只有一项符合题目要求，不选、错选均不得分）

1. 金融市场的最基本功能是（　　）。
   A. 公司控制　　　B. 融资功能　　　C. 风险管理　　　D. 信息生产
2. 至（　　）年，在我国大陆证券市场上，证券发行和交易彻底实现了无纸化。
   A. 1990　　　B. 1998　　　C. 2000　　　D. 2001
3. 关于股份有限公司申请股票在全国股份转让系统挂牌应当符合的条件，以下说法不正确的是（　　）。
   A. 应为高新技术企业　　　　　　B. 具有持续经营能力
   C. 依法设立且存续满两年　　　　D. 主办券商推荐并持续督导
4. 若以（　　）为主，则证券市场居于一国金融市场体系的核心地位，以美国和英国为代表。
   A. 直接融资　　　B. 间接融资　　　C. 境外融资　　　D. 银行贷款
5. 国内基金管理公司通过募集基金投资国外证券的称为（　　）。
   A. FICC　　　B. OTC　　　C. QFII　　　D. QDII
6. 在合规管理制度中，（　　）制度是防范洗钱活动的基础性工作。
   A. 客户身份识别　　　　　　B. 大额交易报告
   C. 交易记录保存　　　　　　D. 可疑交易报告
7. 资信评级机构和资产评估机构均属于（　　）机构。
   A. 资产管理　　　B. 证券服务　　　C. 证券代理　　　D. 投资咨询
8. 中国证券业协会依法对证券评级业务活动进行（　　）管理。
   A. 监督　　　B. 审批　　　C. 自律　　　D. 备案
9. 在全国股份转让系统从事推荐业务的主办券商，应当具备（　　）。
   A. 证券承销与保荐业务资格　　　　B. 证券投资咨询业务资格
   C. 证券自营业务资格　　　　　　　D. 证券经纪业务资格
10. 在证券结算中，（　　）是指交易双方对所达成的交易实行轧差清算，并对轧抵之后的证券和资金余额进行交付。
    A. 净额结算　　　B. 实时结算　　　C. 金额结算　　　D. 差额结算
11. 投资者在从事证券交易之前，应首先在（　　）开立证券账户，之后才可以从事证券交易。
    A. 存管银行　　　　　　B. 证券交易所

C. 证券经纪人　　　　　　　　　D. 中国证券登记结算公司或者其代理点

12. 我国《证券法》规定，证券交易所设总经理1名，由（　　）任免。
    A. 国务院证券监督管理机构　　　B. 交易所会员大会
    C. 交易所理事会　　　　　　　　D. 国务院

13. 运用利率政策和信贷政策对证券市场进行干预属于（　　）。
    A. 自律手段　　B. 行政手段　　C. 经济手段　　D. 法律手段

14. 中国证监会依法对股权分置改革各方主体及其相关活动实行（　　），组织、指导和协调推进股权分置改革工作。
    A. 自由放纵　　B. 窗口指导　　C. 监督管理　　D. 行政干预

15. 享有优先认股权的股东对其所享有的优先认股权可以做出三种选择，其中不包括（　　）。
    A. 不行使权力而任其过期失效
    B. 行使此权利来认购新发行的股票
    C. 将权力转让给其他人，从中获得一定的报酬
    D. 按其持股比例5%的数量，优先认购一定数量新发行股票的权利

16. 股票及其他有价证券的理论价格是根据（　　）确定的。
    A. 预期理论　　B. 现值理论　　C. 流动性理论　　D. 合理收益理论

17. 关于股票性质描述正确的是（　　）。
    A. 股票是设权证券
    B. 股票所代表的权利本来不存在
    C. 股票只是把已存在的股东权利表现为证券的形式
    D. 股票所代表的权利的发生是以股票的制作和存在为条件的

18. 上市公司配股一般采取（　　）的方式。
    A. 网下询价发行　　　　　　　B. 网上定价发行
    C. 网下网上同时定价发行　　　D. 网上定价发行与网下询价配售相结合

19. 目前，国际上股票发行制度的两种类型是（　　）。
    A. 核准制和注册制　　　　　　B. 审批制和注册制
    C. 审批制和核准制　　　　　　D. 保荐制和注册制

20. 关于证券委托中的网上委托，下列表述中正确的是（　　）。
    A. 证券公司需要通过互联网或移动通讯网络的网上证券交易系统，向客户提供服务
    B. 网上委托是柜台委托的一种形式
    C. 客户需要通过营业部设置的专用委托电脑终端，自行将委托内容输入电脑交易系统
    D. 上网终端包括电子计算机、手机、传真机等设备

21. 在委托受理中的验证环节，经纪商主要对客户委托时递交的（　　）进行核实。
    A. 委托单　　　　　　　　　　B. 账户上的证券
    C. 账户上的资金　　　　　　　D. 相关证件（如身份证件等）

22. 在委托受理的验证和审单环节，证券经纪商要根据（　　）的交易规则，审查客户

的证件和委托单。
A. 证券业协会 B. 证券交易所
C. 中国登记结算公司 D. 中国金融期货交易所

23. 融资融券交易中，客户维持担保比例不得低于（　　），当低于该比例时，证券公司应当通知客户在约定的期限内追加担保物。
A. 90%　　B. 110%　　C. 130%　　D. 150%

24. 目前，道·琼斯股价平均数采用（　　）。
A. 加权股价指数法 B. 修正股价平均数法
C. 简单算术平均数法 D. 加权股价平均数法

25. 稳定的现金股利政策对公司的现金流管理有较高的要求，通常将那些经营业绩较好，具有稳定较高现金股利支付的公司股票称为（　　）。
A. 红筹股　　B. 蓝筹股　　C. 优先股　　D. 潜力股

26. 由银行业金融机构作为发起机构，将信贷资产信托给受托机构，由受托机构发行的、以该财产所产生的现金支付其收益的证券为（　　）。
A. 中央银行票据 B. 资产支持证券
C. 财务公司债券 D. 商业银行次级债

27. 地方政府债券以当地政府的（　　）作为还本付息的担保。
A. 国企收入　　B. 税收能力　　C. 公共设施收入　　D. 到期续发收入

28. 证券公司在银行间债券市场发行的，约定在一定期限内还本付息的有价证券为（　　）。
A. 企业债券　　B. 次级债券　　C. 金融债券　　D. 短期融资券

29. 发行公司债券的上市公司应当为债券持有人聘请（　　）。
A. 经纪人　　B. 担保人　　C. 信用增级机构　　D. 债券受托管理人

30. 中小非金融企业集合票据的发行主体为（　　）。
A. 2个（含）以上，5个（含）以下法人
B. 2个（含）以上，10个（含）以下法人
C. 2个（含）以上，20个（含）以下法人
D. 没有数量限制

31. 下列不能申请成为记账式国债承销团成员的是（　　）。
A. 保险公司　　B. 商业银行　　C. 证券公司　　D. 中国人民银行

32. 可转换公司债券应（　　）至少公告一次跟踪评级报告。
A. 每年　　B. 每半年　　C. 每两年　　D. 在存续期间

33. 目前，财政部以公开招标方式发行（　　）。
A. 金融债券 B. 记账式国债
C. 凭证式国债 D. 记账式国债和凭证式国债

34. 根据现行规定，下列关于配股权证的说法正确的是（　　）。
A. A股的配股权证可挂牌交易，也允许转托管
B. A股的配股权证可挂牌交易，但允许转托管

C. A 股的配股权证可挂牌交易，但不允许转托管

D. A 股的配股权证既不挂牌交易，也不允许转托管

35. 下列违规行为不属于《全国银行间债券市场交易管理办法》中规定的违规行为的是（　　）。

   A. 擅自为客户提供交易信息

   B. 擅自交易未经批准上市债券

   C. 擅自从事借券、租券等融券业务

   D. 操纵债券交易价格，或制造债券虚假价格

36. 全国银行间债券市场质押式回购参与者不包括（　　）。

   A. 在中国境内具有法人资格的商业银行及其授权分支机构

   B. 在中国境内具有法人资格的非银行金融机构

   C. 经中国人民银行批准设立的外国银行办事处

   D. 在中国境内具有法人资格的非金融机构

37. 关于全国银行间市场质押式回购交易方式，下列描述错误的是（　　）。

   A. 自主报价分为公开报价和对话报价两类

   B. 全国银行间市场质押式回购交易以询价方式进行，自主谈判，逐笔成交

   C. 自主报价达成的交易在确认成交后，结算前可自行对报价内容进行修改

   D. 格式化询价是指参与者必须按照交易系统规定的格式内容填报交易意向

38. 投资基金由 _____ 管理、_____ 托管、投资收益归 _____ 所有。
   （　　）

   A. 管理人；托管人；管理人

   B. 管理人；托管人；基金份额持有人

   C. 托管人；管理人；基金份额持有人

   D. 基金份额持有人；托管人；管理人

39. 基金会计核算中，承担复核责任的是（　　）。

   A. 基金托管人　　B. 证券投资基金　　C. 基金管理公司　　D. 会计师事务所

40. 下列基金类型中投资风险最低的是（　　）。

   A. 货币市场基金　　B. 指数基金　　C. 债券基金　　D. 股票基金

41. 根据《证券投资基金法》的规定，基金财产不得用于下列哪项投资活动？（　　）

   A. 买卖地产　　B. 买卖国债　　C. 买卖股票　　D. 买卖企业债券

42. 关于保本基金，以下描述正确的是（　　）。

   A. 保本基金的管理人对持有人的投资本金承担保本清偿义务，担保人并不承担连带责任

   B. 保本基金在极端情况下仍然存在本金损失的风险

   C. 保本基金目前在我国还不存在

   D. 保本基金等于将资金存放在银行或存款类金融机构

43. 在我国，根据《公开募集证券投资基金运作管理办法》的规定，（　　）以上的基金资产投资于债券的，为债券基金。

A. 50% B. 60% C. 70% D. 80%

44. 我国证券投资基金的托管协议是基金管理人与（　　）之间订立的就基金资产保管、资金清算、会计核算等方面达成的协议书。
    A. 监管机构　　　　　　　　B. 基金销售人
    C. 基金托管人　　　　　　　D. 基金份额持有人

45. OTC 是（　　）的简称。
    A. 交易所市场　　　　　　　B. 场外交易市场
    C. 首次公开发行　　　　　　D. 芝加哥期权交易所

46. 可转换公司债券在转换前投资者可以定期得到利息收入，但此时不具有（　　）。
    A. 股东的权利　　B. 债权人的义务　　C. 债权人的责任　　D. 债权人的权利

47. 金融期权是一种权利的交易，其合约价格（　　）。
    A. 被称为协定价格
    B. 是期权合约标的资产的理论价格
    C. 是期权合约规定的买进或卖出标的资产的价格
    D. 是为获得期权合约所赋予的权利而需支付的费用

48. 套利的经济学基础是（　　）。
    A. 一价定律　　　　　　　　B. MM 定理
    C. 价值规律　　　　　　　　D. 投资组合管理理论

49. 债券的价格变动风险随着期限的增加而（　　）。
    A. 减少　　B. 增加　　C. 不变　　D. 没有影响

50. VaR 方法是 20 世纪 80 年代由（　　）的风险管理人员开发出来的。
    A. JP 摩根　　　　　　　　　B. 信孚银行
    C. 美林证券　　　　　　　　D. 长期资本管理公司（LTCM）

二、组合选择题（共 50 题，每小题 1 分，共 50 分。以下备选项中只有一项符合题目要求，不选、错选均不得分）

1. 货币市场型证券组合是由各种货币市场工具构成的，如（　　）。
    Ⅰ．高信用等级的商业票据　　Ⅱ．期权
    Ⅲ．国库券　　　　　　　　　Ⅳ．指数期货
    A. Ⅰ、Ⅱ　　B. Ⅰ、Ⅲ　　C. Ⅱ、Ⅲ　　D. Ⅱ、Ⅳ

2. 货币政策是中央 201 为实现给定的经济目标，运用各种方式来影响（　　）所采取的方针和措施的总和。
    Ⅰ．货币输出　　Ⅱ．货币供给　　Ⅲ．货币需求　　Ⅳ．利率
    A. Ⅰ、Ⅱ　　B. Ⅰ、Ⅲ　　C. Ⅱ、Ⅳ　　D. Ⅲ、Ⅳ

3. 某公司公开发行债券，可以申请在（　　）上市交易或转让。
    Ⅰ．证券交易所　　　　　　　Ⅱ．全国中小企业股份转让系统
    Ⅲ．证券公司柜台　　　　　　Ⅳ．国务院批准的其他证券交易场所
    A. Ⅰ、Ⅱ　　B. Ⅱ、Ⅲ　　C. Ⅰ、Ⅱ、Ⅳ　　D. Ⅰ、Ⅲ、Ⅳ

4. 下列属于公募发行的特点的有（　　）。
   Ⅰ．发行要求较高　　　　　　　　Ⅱ．筹集的资金量大
   Ⅲ．债权分散　　　　　　　　　　Ⅳ．手续复杂
   A．Ⅰ、Ⅱ、Ⅲ、Ⅳ　　　　　　　　B．Ⅱ、Ⅲ、Ⅳ
   C．Ⅰ、Ⅱ、Ⅳ　　　　　　　　　　D．Ⅰ、Ⅱ、Ⅲ

5. 可以在证券交易所挂牌交易的证券，除了股票以外，还有（　　）。
   Ⅰ．基金　　　Ⅱ．国债　　　Ⅲ．公司债　　　Ⅳ．权证
   A．Ⅰ、Ⅱ、Ⅲ、Ⅳ　　　　　　　　B．Ⅰ、Ⅱ、Ⅳ
   C．Ⅱ、Ⅲ　　　　　　　　　　　　D．Ⅰ、Ⅲ

6. 证券投资顾问向客户提供的投资建议服务内容包括（　　）。
   Ⅰ．投资的品种选择　　　　　　　　Ⅱ．代客户作投资决策
   Ⅲ．投资组合建议　　　　　　　　　Ⅳ．理财规划建议
   A．Ⅱ、Ⅲ、Ⅳ　　B．Ⅰ、Ⅲ、Ⅳ　　C．Ⅰ、Ⅱ、Ⅳ　　D．Ⅰ、Ⅱ、Ⅲ

7. 证券经纪业务可分为（　　）两种。
   Ⅰ．银行代理买卖　　　　　　　　　Ⅱ．证券交易所代理买卖
   Ⅲ．柜台代理买卖　　　　　　　　　Ⅳ．证券登记结算公司代理买卖
   A．Ⅰ、Ⅱ　　　B．Ⅰ、Ⅳ　　　C．Ⅱ、Ⅲ　　　D．Ⅱ、Ⅳ

8. 证券公司申请介绍业务资格，应当符合的条件有（　　）。
   Ⅰ．申请日前6个月各项风险控制指标符合规定标准
   Ⅱ．全资拥有或控股一家期货公司，或者与一家期货公司被同一机构控制
   Ⅲ．公司总部至少有5名、拟开展介绍业务的营业部至少有2名具有期货从业人员资格的业务人员
   Ⅳ．已按规定建立客户交易结算资金第三方存管制度
   A．Ⅰ、Ⅱ、Ⅲ、Ⅳ　　　　　　　　B．Ⅰ、Ⅱ、Ⅳ
   C．Ⅱ、Ⅲ　　　　　　　　　　　　D．Ⅰ、Ⅲ

9. 在我国，关于证券经纪业务，下列表述正确的有（　　）。
   Ⅰ．证券公司在经纪业务中赚取买卖差价
   Ⅱ．证券公司不承担客户交易中的价格风险
   Ⅲ．证券公司与客户是代理委托关系
   Ⅳ．证券公司为客户提供服务，佣金是其主要的业务收入
   A．Ⅱ、Ⅲ、Ⅳ　　B．Ⅰ、Ⅲ、Ⅳ　　C．Ⅰ、Ⅱ、Ⅳ　　D．Ⅰ、Ⅱ、Ⅲ

10. 以下说法正确的有（　　）。
    Ⅰ．证券公司可以为其控股期货公司从事中间介绍业务
    Ⅱ．拟开展中间介绍业务的证券公司营业部不需要人员具备期货从业资格
    Ⅲ．证券公司为期货公司提供中间介绍业务，其人员、经营场所等分开隔离
    Ⅳ．证券公司可以协助办理期货开户手续
    A．Ⅰ、Ⅱ、Ⅲ、Ⅳ　　　　　　　　B．Ⅱ、Ⅲ、Ⅳ
    C．Ⅰ、Ⅲ、Ⅳ　　　　　　　　　　D．Ⅰ、Ⅱ、Ⅲ

11. 关于结算账户的开立、撤销，下列说法中正确的有（　　）。
    Ⅰ．证券公司参与结算应当按规定取得结算参与人资格，并开立结算账户
    Ⅱ．结算系统参与人停止资金结算业务后，应结清与证券登记结算公司的债权、债务后，申请撤销结算账户
    Ⅲ．结算系统参与人名称或其结算账户，清算路径内容发生变更时，需重新开立新的结算账户
    Ⅳ．结算系统参与人应当在证券登记结算公司开立两个结算账户，一个资金交收账户，一个指定收款账户
    A．Ⅱ、Ⅲ、Ⅳ　　B．Ⅰ、Ⅲ、Ⅳ　　C．Ⅰ、Ⅱ、Ⅳ　　D．Ⅰ、Ⅱ、Ⅲ

12. 证券业从业人员行为准则要求从业人员（　　）。
    Ⅰ．不得损害所在机构的合法权益
    Ⅱ．不得在经纪业务中接受客户的全权委托
    Ⅲ．不得从事与其履行职责有利益冲突的业务
    Ⅳ．不得对外透露自营买卖信息，诱导客户买卖该种证券
    A．Ⅰ、Ⅱ、Ⅲ、Ⅳ　　　　　　B．Ⅰ、Ⅱ、Ⅳ
    C．Ⅱ、Ⅲ　　　　　　　　　　D．Ⅰ、Ⅲ

13. 基金信息披露应满足的原则包括（　　）。
    Ⅰ．真实性　　Ⅱ．规范性　　Ⅲ．灵活性　　Ⅳ．完整性
    A．Ⅱ、Ⅲ、Ⅳ　　B．Ⅰ、Ⅲ、Ⅳ　　C．Ⅰ、Ⅱ、Ⅳ　　D．Ⅰ、Ⅱ、Ⅲ

14. 普通股股东的义务有（　　）。
    Ⅰ．应当遵守法律、行政法规和公司章程
    Ⅱ．依法行使股东权利
    Ⅲ．不得滥用股东权利损害公司或其他股东利益
    Ⅳ．不得滥用公司法人独立地位和股东有限责任损害公司债权人的利益
    A．Ⅰ、Ⅱ、Ⅲ、Ⅳ　　　　　　B．Ⅱ、Ⅲ、Ⅳ
    C．Ⅱ、Ⅲ　　　　　　　　　　D．Ⅰ、Ⅳ

15. 关于股票的内在价值，下列说法正确的有（　　）。
    Ⅰ．经济形势的变化、宏观经济政策的调整、供求关系的变化等都会影响股票未来的收益，但内在价值不会变
    Ⅱ．股票的市场价格总是围绕其内在价值波动
    Ⅲ．股票的内在价值即理论价值，也即股票未来收益的现值
    Ⅳ．由于未来市场及市场利率的不确定性，各种价值模型计算出来的"内在价值"只是股票真实的内在价值的估算值
    A．Ⅱ、Ⅲ、Ⅳ　　B．Ⅱ、Ⅳ　　C．Ⅱ、Ⅲ　　D．Ⅰ、Ⅲ

16. 赋予普通股股东优先认股权的主要意义有（　　）。
    Ⅰ．保证普通股股东在股份公司保持原有的持股比例
    Ⅱ．保护原普通股股东的利益和持股价值
    Ⅲ．确保公司股份能有足额认购

Ⅳ．增加公司的募集基金
A．Ⅲ、Ⅳ　　　　B．Ⅱ、Ⅳ　　　　C．Ⅰ、Ⅲ　　　　D．Ⅰ、Ⅱ

17．对于股票价值，下列表述正确的是（　　）。
Ⅰ．票面价值又称面值，即在股票票面上标明的金额
Ⅱ．没有优先股的情况下，每股账面价值等于公司净资产除以发行在外的普通股票的股数
Ⅲ．理论上，股票的清算价值应与账面价值一致，但大多数公司的实际清算价值总是高于账面价值
Ⅳ．内在价值即理论价值，也即股票未来收益的现值
A．Ⅰ、Ⅳ
B．Ⅱ、Ⅲ
C．Ⅰ、Ⅱ、Ⅳ
D．Ⅰ、Ⅲ、Ⅳ

18．下列对普通股股东义务的叙述中正确的有（　　）。
Ⅰ．公司股东滥用股东权利给公司或者其他股东造成损失的，应当依法承担赔偿责任
Ⅱ．公司股东滥用法人独立地位和股东有限责任、逃避责任、严重损害公司债权人利益时，应当对公司债务承担赔偿责任
Ⅲ．公司的控股股东、实际控制人、监事、董事、高级管理人员不得利用其关联关系损害公司利益
Ⅳ．如违反相关规定，给公司造成损失的，应当承担赔偿责任
A．Ⅰ、Ⅱ、Ⅲ、Ⅳ　　　　　　　　B．Ⅱ、Ⅲ、Ⅳ
C．Ⅰ、Ⅲ、Ⅳ　　　　　　　　　　D．Ⅰ、Ⅱ

19．2000年以后，我国新股网上发行的具体方式包括（　　）等。
Ⅰ．累计投标询价发行　　　　　　Ⅱ．与储蓄存款单挂钩发行
Ⅲ．认购证发行　　　　　　　　　Ⅳ．向二级市场投资者按市值配售
A．Ⅰ、Ⅱ　　　　B．Ⅰ、Ⅳ　　　　C．Ⅱ、Ⅲ　　　　D．Ⅱ、Ⅳ

20．下列有关新股网上发行的表述中，错误的有（　　）。
Ⅰ．网上发行不但具有经济性的优点，而且整个发行过程高效、安全
Ⅱ．网上发行既不经济，也不安全
Ⅲ．网上发行虽具有经济性的优点，但效率不高且安全性差
Ⅳ．网上发行虽然高效安全，但要占用大量的人力、物力和财力，不具有经济性
A．Ⅱ、Ⅲ、Ⅳ　　B．Ⅰ、Ⅲ、Ⅳ　　C．Ⅰ、Ⅱ、Ⅳ　　D．Ⅰ、Ⅱ、Ⅲ

21．连续竞价阶段的特点是，每一笔买卖委托输入交易自动撮合系统后，当即判断并进行不同的处理：（　　）。
Ⅰ．不能成交者等待机会成交　　　Ⅱ．部分成交者则让剩余部分自动撤销
Ⅲ．部分成交者则让剩余部分继续等待　Ⅳ．能成交者予以成交
A．Ⅰ、Ⅱ、Ⅲ　　B．Ⅰ、Ⅱ、Ⅳ　　C．Ⅰ、Ⅲ、Ⅳ　　D．Ⅱ、Ⅲ、Ⅳ

22. 在下列四个关于"时间优先"竞价原则的表述中,正确的是(　　)。
   Ⅰ. 无论价位是否相同,均按申报时序决定优先顺序
   Ⅱ. 同价位、同方向申报,按申报时序决定优先顺序
   Ⅲ. 申报时序的先后顺序按证券交易电脑主机接收申报的时间决定
   Ⅳ. 无论申报方式如何,均以证券经纪商接到书面凭证的顺序决定优先顺序
   A. Ⅰ、Ⅱ　　　　B. Ⅰ、Ⅳ　　　　C. Ⅱ、Ⅲ　　　　D. Ⅱ、Ⅳ

23. 证券经纪商在收到客户委托后,应对(　　)进行调查,经审查符合要求后,才能接受委托。
   Ⅰ. 委托内容　　　　　　　　　Ⅱ. 委托人身份
   Ⅲ. 委托买入的实际资金余额　　Ⅳ. 委托卖出的实际证券数量
   A. Ⅰ、Ⅲ　　　B. Ⅱ、Ⅲ　　　C. Ⅰ、Ⅱ、Ⅳ　　　D. Ⅰ、Ⅱ、Ⅲ、Ⅳ

24. 下列关于我国利用国际债券市场筹集资金的说法中,正确的是(　　)。
   Ⅰ. 我国发行国际债券始于20世纪80年代
   Ⅱ. 我国政府曾经成功地在美国发行过扬基债券
   Ⅲ. 财政部在国外发行的债券属于政府债券
   Ⅳ. 我国在国际债券市场发行的债券品种仅是政府债券
   A. Ⅰ、Ⅳ　　　B. Ⅰ、Ⅱ、Ⅲ　　　C. Ⅱ、Ⅲ、Ⅳ　　　D. Ⅰ、Ⅱ、Ⅲ、Ⅳ

25. 我国在国际债券市场上已发行的债券品种有(　　)。
   Ⅰ. 政府债券　　Ⅱ. 特种国债　　Ⅲ. 金融债券　　Ⅳ. 可转换公司债券
   A. Ⅰ、Ⅱ、Ⅲ、Ⅳ　　　　　　B. Ⅰ、Ⅲ、Ⅳ
   C. Ⅲ、Ⅳ　　　　　　　　　　D. Ⅰ、Ⅱ

26. 关于可交换债券,下列说法正确的是(　　)。
   Ⅰ. 可交换公司债券的期限最短为1年,最长为6年
   Ⅱ. 可交换公司债券面值为每张人民币100元
   Ⅲ. 可交换公司债券自发行结束之日起12个月后,方可交换为预备交换的股票
   Ⅳ. 公司债券交换为每股股份的价格,应当不低于募集说明书公告日前15日公司股票均价和前一个交易日的均价
   A. Ⅱ、Ⅲ、Ⅳ　　　B. Ⅰ、Ⅲ、Ⅳ　　　C. Ⅰ、Ⅱ、Ⅳ　　　D. Ⅰ、Ⅱ、Ⅲ

27. 利率波动对不同债券的影响不同,下列说法正确的有(　　)。
   Ⅰ. 利率风险是固定收益证券投资的主要风险
   Ⅱ. 利率波动对高息票利率债券的影响要小于低息票利率债券
   Ⅲ. 利率波动对长期债券的影响要大于短期债券
   Ⅳ. 零息债券不受利率波动的影响
   A. Ⅱ、Ⅲ、Ⅳ　　　B. Ⅰ、Ⅲ、Ⅳ　　　C. Ⅰ、Ⅱ、Ⅳ　　　D. Ⅰ、Ⅱ、Ⅲ

28. 关于可转换债券的要素,下列叙述正确的有(　　)。
   Ⅰ. 可转换债券有效期限与一般债券相同,指债券从发行之日起至偿清本息之日止的存续时间
   Ⅱ. 可转换公司债券的票面利率是指可转换债券作为一种债券的票面年利率,由发

行人根据当前市场利率水平、公司债券资信等级和发行条款确定,一般高于相同条件的不可转换公司债券

Ⅲ. 转换比例是指一定面额可转换债券可转换成优先股的股数

Ⅳ. 赎回条款和回售条款是可转换债券在发行时规定的赎回行为和回售行为发生的具体市场条件

A. Ⅰ、Ⅱ   B. Ⅰ、Ⅳ   C. Ⅱ、Ⅲ   D. Ⅲ、Ⅳ

29. 政策性银行发行金融债券应向中国人民银行报送( )。

Ⅰ. 金融债券发行申请报告

Ⅱ. 发行人近 3 年经审计的财务报告及审计报告

Ⅲ. 金融债券发行办法

Ⅳ. 承销团协议

A. Ⅱ、Ⅲ、Ⅳ   B. Ⅰ、Ⅲ、Ⅳ   C. Ⅰ、Ⅱ、Ⅳ   D. Ⅰ、Ⅱ、Ⅲ

30. 下列关于国债销售价格的说法中正确的是( )。

Ⅰ. 在传统的行政分配和承购包销的方式下,国债按规定以面值出售,不存在承销商确定销售价格的问题

Ⅱ. 在现行多种价格的公开招标方式下,每个承销商的中标价格与财政部按市场情况和投标情况确定的发售价格是有差异的

Ⅲ. 目前,财政部要求国债承销商以发售价格分销国债

Ⅳ. 目前,财政部允许承销商在发行期内自定销售价格,随行就市发行

A. Ⅱ、Ⅲ、Ⅳ   B. Ⅰ、Ⅲ、Ⅳ   C. Ⅰ、Ⅱ、Ⅳ   D. Ⅰ、Ⅱ、Ⅲ

31. 下列各种债券中,企业可发行( )。

Ⅰ. 无担保信用债券   Ⅱ. 资产抵押债券

Ⅲ. 第三方非连带责任保证担保债券   Ⅳ. 第三方连带责任保证担保债券

A. Ⅱ、Ⅲ、Ⅳ   B. Ⅰ、Ⅲ、Ⅳ   C. Ⅰ、Ⅱ、Ⅳ   D. Ⅰ、Ⅱ、Ⅲ

32. 10 年国债期货合约实行持仓限额制度,相关规定包括( )。

Ⅰ. 合约上市首日起,持仓限额为1000手

Ⅱ. 交割月份前一个月下旬的第一个交易日起,持仓限额为500手

Ⅲ. 交割月份第一个交易日起,持仓限额为300手

Ⅳ. 某一合约结算后单边总持仓量超过60万手的,结算会员下一交易日该合约单边持仓量不得超过该合约单边总持仓量的25%

A. Ⅱ、Ⅳ   B. Ⅰ、Ⅲ、Ⅳ   C. Ⅰ、Ⅱ、Ⅲ   D. Ⅱ、Ⅲ、Ⅳ

33. 银行间现券买卖的点击成交交易方式有( )。

Ⅰ. 做市报价   Ⅱ. 点击成交报价   Ⅲ. 限价报价   Ⅳ. 对话报价

A. Ⅱ、Ⅲ、Ⅳ   B. Ⅰ、Ⅲ、Ⅳ   C. Ⅰ、Ⅱ、Ⅳ   D. Ⅰ、Ⅱ、Ⅲ

34. 银行间现券交易的询价交易方式下的报价方式包括( )。

Ⅰ. 意向报价   Ⅱ. 双向报价   Ⅲ. 对话报价   Ⅳ. 特定对象报价

A. Ⅰ、Ⅱ、Ⅲ、Ⅳ   B. Ⅱ、Ⅲ、Ⅳ

C. Ⅰ、Ⅲ、Ⅳ   D. Ⅰ、Ⅱ、Ⅲ

35. 下列对债券买断式回购表述正确的是（　　）。
    Ⅰ．债券的所有权随交易的发生而转移
    Ⅱ．债券在协议期内可由逆回购方自由支配
    Ⅲ．债券的所有权并未随交易的发生而转移
    Ⅳ．逆回购方在协议期内不能动用债券
    A．Ⅲ、Ⅳ　　　　　B．Ⅱ、Ⅲ　　　　　C．Ⅰ、Ⅳ　　　　　D．Ⅰ、Ⅱ

36. 不得参与股指期货交易的基金类型有（　　）。
    Ⅰ．债券基金　　Ⅱ．货币基金　　Ⅲ．股票基金　　Ⅳ．混合基金
    A．Ⅰ、Ⅱ　　　　　B．Ⅲ、Ⅳ　　　　　C．Ⅰ、Ⅱ、Ⅲ　　　D．Ⅰ、Ⅲ、Ⅳ

37. 构成基金的要素有多种，因此可以依据（　　）的差异对基金进行分类。
    Ⅰ．运作方式　　Ⅱ．法律形式　　Ⅲ．投资对象　　Ⅳ．投资目标
    A．Ⅰ、Ⅱ　　　　　B．Ⅰ、Ⅲ　　　　　C．Ⅱ、Ⅲ、Ⅳ　　　D．Ⅰ、Ⅱ、Ⅲ、Ⅳ

38. 基金托管费的计提通常是（　　）。
    Ⅰ．按基金资产净值的一定比率提取　　　Ⅱ．按基金资产总值的一定比率提取
    Ⅲ．逐日计算，按月支付　　　　　　　　Ⅳ．按月计算，一次支付
    A．Ⅱ、Ⅳ　　　　　B．Ⅱ、Ⅲ　　　　　C．Ⅰ、Ⅳ　　　　　D．Ⅰ、Ⅲ

39. 基金资产总值是指基金所拥有的（　　）所形成的价值总和。
    Ⅰ．各类证券的价值　　　　　　　　　　Ⅱ．银行存款本息
    Ⅲ．基金应收的申购基金款　　　　　　　Ⅳ．其他投资
    A．Ⅰ、Ⅱ　　　　　B．Ⅲ、Ⅳ　　　　　C．Ⅱ、Ⅲ、Ⅳ　　　D．Ⅰ、Ⅱ、Ⅲ、Ⅳ

40. 基金托管人的职责包括（　　）。
    Ⅰ．安全保管基金财产
    Ⅱ．按照规定开设基金财产的资金账户和证券账户
    Ⅲ．对所托管的不同基金财产分别设置账户
    Ⅳ．保存基金托管业务活动的记录、账册、报表和其他相关资料
    A．Ⅰ、Ⅲ　　　　　B．Ⅰ、Ⅱ、Ⅳ　　　C．Ⅱ、Ⅲ、Ⅳ　　　D．Ⅰ、Ⅱ、Ⅲ、Ⅳ

41. 我国《证券投资基金法》规定，（　　）应当通过召开基金份额持有人大会审议决定。
    Ⅰ．提前终止基金合同
    Ⅱ．基金扩募或者延长基金合同期限
    Ⅲ．更换基金管理人
    Ⅳ．提高基金管理人、基金托管人的报酬标准
    A．Ⅰ、Ⅱ、Ⅲ、Ⅳ　　　　　　　　　　B．Ⅰ、Ⅲ、Ⅳ
    C．Ⅰ、Ⅱ、Ⅲ　　　　　　　　　　　　D．Ⅱ、Ⅲ

42. 按信托财产的形态，可将信托划分为（　　）。
    Ⅰ．资金信托　　Ⅱ．动产信托　　Ⅲ．不动产信托　　Ⅳ．债权信托
    A．Ⅰ、Ⅱ、Ⅲ、Ⅳ　　　　　　　　　　B．Ⅱ、Ⅲ、Ⅳ
    C．Ⅰ、Ⅱ、Ⅲ　　　　　　　　　　　　D．Ⅰ、Ⅳ

43. 证券投资基金在投资组合管理过程中对所投资证券进行的深入研究与分析,有利于( )。
    Ⅰ.促进信息的有效利用和传播
    Ⅱ.市场合理定价
    Ⅲ.市场有效性的提高和资源的合理配置
    Ⅳ.市场交易的活跃
    A.Ⅰ、Ⅲ　　　　B.Ⅱ、Ⅲ　　　　C.Ⅰ、Ⅱ、Ⅲ　　　　D.Ⅰ、Ⅱ、Ⅳ

44. 投资者进行金融衍生工具交易时,要想获得交易的成功,必须能较准确地预测( )等因素的未来变化趋势。
    Ⅰ.利率　　　Ⅱ.汇率　　　Ⅲ.股价　　　Ⅳ.凸度
    A.Ⅰ、Ⅱ　　　B.Ⅲ、Ⅳ　　　C.Ⅰ、Ⅱ、Ⅲ　　　D.Ⅰ、Ⅱ、Ⅲ、Ⅳ

45. 欧洲货币市场的特点有( )。
    Ⅰ.经营自由,不受任何国家政府管制和税收限制
    Ⅱ.资金规模庞大
    Ⅲ.存放款利率差额小
    Ⅳ.以银行间交易为主
    A.Ⅱ、Ⅲ　　　B.Ⅰ、Ⅱ、Ⅳ　　　C.Ⅰ、Ⅲ、Ⅳ　　　D.Ⅰ、Ⅱ、Ⅲ、Ⅳ

46. 股权类期权包括( )。
    Ⅰ.单只股票期权　　　　　　Ⅱ.股票组合期权
    Ⅲ.认股权证期权　　　　　　Ⅳ.股价指数期权
    A.Ⅰ、Ⅱ、Ⅲ　　　B.Ⅰ、Ⅱ、Ⅳ　　　C.Ⅰ、Ⅲ、Ⅳ　　　D.Ⅱ、Ⅲ、Ⅳ

47. 金融期货与金融期权交易双方缴纳履约保证金存在差异,下列说法正确的有( )。
    Ⅰ.金融期货交易双方均需开立保证金账户,并按规定缴纳履约保证金
    Ⅱ.金融期权交易双方均需开立保证金账户,并按规定缴纳履约保证金
    Ⅲ.金融期权交易中,只有期权出售者才需要开立保证金账户,并按规定缴纳保证金,以保证共履约义务
    Ⅳ.金融期权交易中,期权的购买者无须开立保证金账户,也无须缴纳保证金
    A.Ⅱ、Ⅲ、Ⅳ　　　B.Ⅰ、Ⅲ、Ⅳ　　　C.Ⅰ、Ⅳ　　　D.Ⅱ、Ⅲ

48. 下列关于实值期权、虚值期权与平值期权的说法,正确的是( )。
    Ⅰ.金融看涨期权协定价格小于金融工具的市场价格的,金融看跌期权金融工具的市场价格大于协定价格的,均为实值期权
    Ⅱ.金融看涨期权协定价格大于金融工具的市场价格的,金融看跌期权金融工具的市场价格小于协定价格的,均为虚值期权
    Ⅲ.看涨期权和看跌期权的协定价格等于金融工具的市场价格,期权为平值期权
    Ⅳ.按执行期权所获得的收益情况的不同,可将期权分为实值期权、虚值期权和平值期权
    A.Ⅰ、Ⅱ、Ⅲ、Ⅳ　　　B.Ⅰ、Ⅱ、Ⅲ

C. Ⅲ、Ⅳ   D. Ⅰ、Ⅱ

49. 自然风险是指因自然力的不规则变化使社会生产和社会生活等遭受威胁的风险，下列属于自然风险的有（   ）。
   Ⅰ. 火灾　　　Ⅱ. 价格的涨落　　　Ⅲ. 战争　　　Ⅳ. 虫灾
   A. Ⅰ、Ⅲ、Ⅳ   B. Ⅰ、Ⅱ、Ⅳ   C. Ⅱ、Ⅲ   D. Ⅰ、Ⅳ

50. 风险管理与控制的核心包括（   ）。
   Ⅰ. 风险限额的确定　　　　　　Ⅱ. 风险限额的分配
   Ⅲ. 风险监控　　　　　　　　　Ⅳ. 风险的消除
   A. Ⅱ、Ⅲ、Ⅳ   B. Ⅰ、Ⅲ、Ⅳ   C. Ⅰ、Ⅱ、Ⅳ   D. Ⅰ、Ⅱ、Ⅲ

模拟试卷（二）参考答案及解析

一、单项选择题

1. 【答案】　B

【解析】金融市场在市场体系中具有特殊的地位，其中最基本的功能是满足社会再生产过程中的投融资需求，促进资本的集中与转换等。

2. 【答案】　B

【解析】1998年4月，国务院证券委撤销，中国证监会开始对证券行业进行统一监管。中国证监会推动了一系列证券、期货市场法规和规章的建设，其中，在交易方式上，上海证券交易所和深圳证券交易所都建立了无纸化电子交易平台。

3. 【答案】　A

【解析】除BCD三项外，股份有限公司申请股票在全国股份转让系统挂牌还应符合下列条件：①公司治理机制健全，合法规范经营；②股权明晰，股票发行和转让行为合法合规；③全国股份转让系统公司要求的其他条件。

4. 【答案】　A

【解析】若以直接融资为主，则证券市场居于一国金融市场体系的核心地位；若以间接融资为主，则中长期信贷市场居于核心地位。

5. 【答案】　D

【解析】合格境内机构投资者（QDII），是指符合《合格境内机构投资者境外证券投资管理试行办法》规定，经中国证监会批准在中华人民共和国境内募集资金，运用所募集的部分或者全部资金以资产组合方式进行境外证券投资管理的境内基金管理公司和证券公司等证券经营机构。

6. 【答案】　A

【解析】客户身份识别制度、客户身份资料和交易记录保存制度、大额交易和可疑交易报告制度是反洗钱工作的三项基本制度。其中，客户身份识别制度是防范洗钱活动的基础性工作。

7. 【答案】　B

【解析】证券服务机构是指依法设立的从事证券服务业务的法人机构。主要包括律师事务所、会计师事务所、投资咨询机构、资信评级机构、资产评估机构、证券金融公司等。

8. 【答案】 C

【解析】中国证券业协会依法对证券评级业务活动进行自律管理。证券评级机构应当自取得证券评级业务许可之日起20日内，将其信用等级划分及定义、评级方法、评级程序报中国证券业协会备案，并通过中国证券业协会网站、本机构网站及其他公众媒体向社会公告。

9. 【答案】 A

【解析】申请在全国股份转让系统从事推荐业务的，要具备证券承销与保荐业务资格；申请从事经纪业务的，要具有证券经纪业务资格；申请从事做市业务的，要具有证券自营业务资格。

10. 【答案】 A

【解析】证券交易结算方式可分为全额结算和净额结算。其中，净额结算是指交易双方对所达成的交易实行轧差清算，并对轧抵之后的证券和资金的净额进行交付。

11. 【答案】 D

【解析】投资在从事证券交易之前，必须向证券登记结算公司提交有关开户资料，开立证券账户后，才可以从事证券交易，通常由证券公司等开户代理机构代理证券登记结算公司为投资者开立证券账户。

12. 【答案】 A

【解析】总经理为证券交易所的法定代表人，主持证券交易所的日常管理工作。我国《证券法》规定，证券交易所设总经理1人，由国务院证券监督管理机构任免。

13. 【答案】 C

【解析】证券市场监管的手段有三种，分别是经济手段、行政手段和法律手段，其中经济手段是通过运用利率政策、公开市场业务、信贷政策、税收政策等经济手段，对证券市场进行干预。

14. 【答案】 C

【解析】根据《上市公司股权分置改革管理办法》第三条规定，中国证券监督管理委员会依法对股权分置改革各方主体及其相关活动实行监督管理，组织、指导和协调推进股权分置改革工作。

15. 【答案】 D

【解析】享有优先认股权的股东有三种选择：①行使此权利来认购新发行的股票；②将该权利转让他人，从中获取一定的报酬；③不行使也不转让此权利，任其过期失效。股份公司在提供优先认股权时会设定一个股权登记日，在此日期前（包括此日）认购普通股票的，该股东享有优先认股权；此日期之后认购普通股票的股东不享有此权利。

16. 【答案】 B

【解析】股票及其他有价证券的理论价格是根据现值理论而来的。现值理论认为，人们之所以愿意购买股票和其他证券，是因为它能够为它的持有人带来预期收益，因此，它的价值取决于未来收益的大小。

17. 【答案】 C

【解析】股票是证权证券，代表的是股东权利，它的发行是以股份的存在为条件的，股票中介把已存在的股东权利表现为证券的形式，它的作用不是创造股东的权利，而是证明股东的权利。

18. 【答案】 B

【解析】配股一般采取网上定价发行的方式。配股价格是在一定的价格区间内由主承销商和发行人协商确定。

19. 【答案】 A

【解析】股票发行制度主要有三种，即审批制度、核准制度和注册制度，每一种发行监管制度都对应一定的市场发展状况。目前国际上股票发行制度主要有核准制和注册制。

20. 【答案】 A

【解析】网上委托，是指证券公司通过基于互联网或移动通信网络的网上证券交易系统，向客户提供用于下达证券交易指令、获取成交结果的一种服务方式。B项，网上委托是非柜台委托的一种形式；C项描述的是自助终端委托；D项，网上委托的上网终端包括电子计算机、手机等设备。

21. 【答案】 D

【解析】在委托受理中的验证与审单环节，验证主要是对客户委托时递交的相关证件（如身份证件等）进行核实，审单主要是检查客户填写的委托单。

22. 【答案】 B

【解析】在委托受理的验证和审单环节，证券经纪商要根据证券交易所的交易规则，对客户的证件和委托单在合法性和同一性方面进行审查，以维护交易的合法性，提高成交的准确率，避免造成不必要的纠纷。

23. 【答案】 C

【解析】根据《上海证券交易所融资融券交易实施细则》第四十三条规定：融资融券交易中，客户维持担保比例不得低于130%，当客户维持担保比例低于130%时，证券公司应当通知客户在约定的期限内追加担保物，客户经会员认可后，可以提交除可充抵保证金证券外的其他证券、不动产、股权等资产。

24. 【答案】 B

【解析】道·琼斯股价平均数以1928年10月1日为基期，指数的编制方法从1928年起采用除数修正的简单平均法，使得平均数能连续、真实地反映股价变动情况。

25. 【答案】 B

【解析】蓝筹股，指具备稳定的盈利能力，在所属行业中占有重要支配地位，能定期分派优厚股利的大公司所发行的普通股。

26. 【答案】 A

【解析】根据《信贷资产证券化试点管理办法》和《金融机构信贷资产证券化试点监督管理办法》的规定，资产支持证券是指由银行业金融机构作为发起机构，将信贷资产信托给受托机构，由受托机构发行的、以该财产所产生的现金支付其收益的受益证券。

27. 【答案】 B

【解析】地方政府债券通常可以分为：①一般责任债券（普通债券），其本身不具有增值能力，还本付息完全由地方政府的税收承担；②专项债券（收益担保债券），其本息是从投资项目所取得的收益中支取，往往还加上地方政府的税收做额外担保。

28.【答案】 D

【解析】根据《证券公司短期融资券管理办法》，短期融资券是指证券公司以短期融资为目的，在银行间债券市场发行的，约定在一定期限内还本付息的金融债券。

29.【答案】 D

【解析】根据《公司债券发行与交易管理办法》第四十八条，发行人应当为债券持有人聘请债券受托管理人，并订立债券受托管理协议；在债券存续期限内，由债券受托管理人按照规定或协议的约定维护债券持有人的利益。

30.【答案】 B

【解析】根据《银行间债券市场中小非金融企业集合票据业务指引》，中小非金融企业集合票据是指国家相关法律法规及政策界定为2个（含）以上、10个（含）以下具有法人资格的中小非金融企业发行的债务融资工具。

31.【答案】 D

【解析】中国境内商业银行等存款类金融机构以及证券公司、保险公司、信托投资公司等非存款类金融机构，可以申请成为记账式国债承销团成员。

32.【答案】 A

【解析】公开发行可转换公司债券，应当委托具有资格的资信评级机构进行信用评级和跟踪评级，资信评级机构每年至少公告一次跟踪评级报告。

33.【答案】 B

【解析】凭证式国债发行完全采用承购包销方式；储蓄国债发行可采用包销或代销方式；记账式国债发行完全采用公开招标方式。

34.【答案】 D

【解析】配股权证是上市公司给予其老股东的一种认购该公司股份的权利证明。在现阶段，我国A股的配股权证不挂牌交易，不允许转托管。

35.【答案】 A

【解析】除BCD三项外，违规行为还有：①制造并提供虚假资料和交易信息；②不遵守有关规则或协议并造成严重后果；③违规操作对交易系统和债券簿记系统造成破坏。

36.【答案】 C

【解析】全国银行间债券市场质押式回购参与者包括：①在中国境内具有法人资格的商业银行及其授权分支机构；②在中国境内具有法人资格的非银行金融机构和非金融机构；③经中国人民银行批准经营人民币业务的外国银行分行。

37.【答案】 C

【解析】C项，参与者在确认交易成交前可对报价内容进行修改或撤销，交易一经确认成交，参与者不得擅自进行修改或撤销。

38.【答案】 B

【解析】证券投资基金是由基金托管人托管，由基金管理人管理和运用资金，为基金份额持有人的利益，以资产组合方式进行证券投资的一种利益共享、风险共担的集合投资方式。

39. 【答案】 A

【解析】我国基金资产估值的责任人是基金管理人，但基金托管人对基金管理人的估值结果负有复核责任。

40. 【答案】 A

【解析】货币市场基金的优点是资本安全性高、购买限额低、流动性强、收益较高、管理费用低，有些还不收取赎回费用。因此，货币市场基金通常被认为是低风险的投资工具。

41. 【答案】 A

【解析】根据《证券投资基金法》第七十二条的规定，基金财产应当用于下列投资：①上市交易的股票、债券；②国务院证券监督管理机构规定的其他证券及其衍生品种。

42. 【答案】 B

【解析】A项，由基金管理人对基金份额持有人的投资本金承担保本清偿义务，同时基金管理人与符合条件的担保人签订保证合同，由担保人和基金管理人对投资人承担连带责任；C项，我国存在保本基金；D项投资保本基金并不等于将资金作为存款存放在银行或存款类金融机构，保本基金在极端情况下仍然存在本金损失的风险。

43. 【答案】 D

【解析】在我国，根据《公开募集证券投资基金运作管理办法》的规定，80%以上的基金资产投资于债券的，为债券基金；80%以上的基金资产投资于股票的，为股票基金。

44. 【答案】 C

【解析】基金托管协议是基金管理人和基金托管人签订的协议，主要目的在于明确双方在基金财产保管、投资运作等事宜中的权利、义务及职责，确保基金财产的安全，保护基金份额持有人的合法权益。

45. 【答案】 B

【解析】证券市场可分为有形市场和无形市场。其中，无形市场称为场外市场或柜台市场（简称OTC市场），是指没有固定交易场所的市场。

46. 【答案】 A

【解析】可转换公司债券在转换前投资者可以定期得到利息收入，但此时不具有股东的权利；当发行公司的经营业绩取得显著增长时，可转换公司债券的持有人可以在约定期限内，按预定的转换价格转换成公司的股份，以分享公司业绩增长带来的收益。

47. 【答案】 D

【解析】金融期权是一种权利的交易。在期权交易中，期权的买方为获得期权合约所赋予的权利而向期权的卖方支付的费用就是期权的价格。

48. 【答案】 A

【解析】套利的经济学原理是一价定律，即如果两个资产是相等的，它们的市场价格就应该相同，一旦存在两种价格就出现了套利机会，投资者可以买入低价资产同时卖出高价资产赚取价差。

49. 【答案】 B

【解析】债券的价格是将未来的利息收益和本金按市场利率折算成的现值，债券的期限越长，未来收入的折扣率就越大，所以债券的价格变动风险随着期限的增加而增大。

50. 【答案】 A

【解析】美国摩根公司的风险管理人员为满足当时总裁Weatherstone每天提交"4·15报告"的要求，开发了风险测量方法——VaR方法。

二、组合选择题

1. 【答案】 B

【解析】货币市场型证券组合是由各种货币市场工具构成的，如国库券、高信用等级的商业票据等，安全性很强。

2. 【答案】 C

【解析】中央银行货币政策的基本框架为，运用货币政策工具，直接作用于操作指标，操作指标的变动引起中介指标的变化，通过中介指标的变化实现中央银行的最终政策目标。其中，中介指标主要包括货币供应量、市场利率、信用总量等指标。

3. 【答案】 C

【解析】Ⅰ、Ⅳ两项，我国《证券法》规定，依法公开发行的股票、公司债券及其他证券应在依法设立的证券交易所上市交易或者在国务院批准的其他证券交易场所转让；Ⅱ项，全国中小企业股份转让系统是经国务院批准，依据证券法设立的全国性证券交易场所，具有公司挂牌、公开转让股份、股权融资、债权融资、资产重组等多重功能。

4. 【答案】 A

【解析】公募发行是证券发行中最常见、最基本的发行方式，由承销商组织承销团向广泛的不特定投资者发行，具有发行要求较高、手续复杂、费用较高、发行时间长、发行面广、投资者众多、筹集的资金量大、债权分散、流动性强的特点。

5. 【答案】 A

【解析】在证券交易所挂牌交易的品种包括股票、基金、债券、权证和经中国证监会批准的其他交易品种。

6. 【答案】 B

【解析】证券投资顾问业务是指证券公司、证券投资咨询机构（统称证券公司）接受客户委托，按照约定，向客户提供涉及证券及证券相关产品的投资建议服务，辅助客户作出投资决策，并直接或者间接获取经济利益的经营活动。投资建议服务内容包括投资的品种选择、投资组合以及理财规划建议等。

7. 【答案】 C

【解析】证券经纪业务是指证券公司通过其设立的证券营业部，接受客户委托，按照客户的要求代理客户买卖证券的业务。证券经纪业务可分为柜台代理买卖和证券交易所代理买卖两种。

8. 【答案】 A

【解析】除Ⅰ、Ⅱ、Ⅲ、Ⅳ四项外，证券公司申请介绍业务资格，还应当符合下列条件：①已按规定建立健全与介绍业务相关的业务规则、内部控制、风险隔离及合规检查等制度；②具有满足业务需要的技术系统；③中国证监会根据市场发展情况和审慎监管原则规定的其他条件。

9. 【答案】 A

【解析】Ⅰ项，在证券经纪业务中，证券公司不赚取买卖差价，只收取一定比例的佣金作为业务收入。

10. 【答案】 C

【解析】Ⅱ项，拟开展中间介绍业务的证券公司营业部至少有2名具有期货从业人员资格的业务人员。

11. 【答案】 C

【解析】Ⅲ项，结算系统参与人名称或其结算账户、清算路径内容发生变更时，需及时在中国结算公司办理结算账户信息变更手续，结算系统参与人停止资金结算业务后，应向中国结算公司提出撤销其结算账户的申请。

12. 【答案】 A

【解析】Ⅰ、Ⅲ两项为从业人员一般性禁止行为；Ⅱ、Ⅳ两项为证券公司的从业人员特定禁止行为。

13. 【答案】 C

【解析】基金信息披露的原则体现在对披露内容和披露形式两方面的要求上。①在披露内容上，要求遵循真实性原则、准确性原则、完整性原则、及时性原则和公平披露原则；②在披露形式上，要求遵循规范性原则、易解性原则和易得性原则。

14. 【答案】 A

【解析】我国《公司法》第二十条规定，公司股东应当遵守法律、行政法规和公司章程，依法行使股东权利，不得滥用股东权利损害公司或者其他股东的利益；不得滥用公司法人独立地位和股东有限责任损害公司债权人的利益。

15. 【答案】 A

【解析】Ⅰ项，国际经济形势的变化、国内宏观经济政策的调整、供求关系的变化等都会影响上市公司未来的收益，进而引起股票内在价值的变化。

16. 【答案】 D

【解析】优先认股权，是指当股份公司为增加公司注册资本而发行新股时，原普通股股东按其持股比例，可以按低于股票市价的特定价格购买公司新发行的一定数量股票的权利。赋予股东优先认股权的目的主要有两个：①能保证普通股股东在股份公司中原有的持股比例保持不变；②能保护原普通股股东的利益和持股价值。

17. 【答案】 C

【解析】Ⅲ项，从理论上说，股票的清算价值应与账面价值一致，但公司清算时，其资产往往只能折价出售，再加上必要但数目颇高的清算费用，所以绝大多数公司的实际清算价值是低于其账面价值的。

18. 【答案】 C

【解析】Ⅱ项，公司股东滥用公司法人独立地位和股东有限责任，逃避债务，严重损害公司债权人利益的，应当对公司债务承担连带责任。

19. 【答案】 B

【解析】2000年以后,我国新股发行出现过多种形式,如上网定价发行、网上累计投标询价发行、对一般投资者上网发行和对法人配售相结合方式、向二级市场投资者按市值配售等。其中,网上累计投标询价发行和网上定价市值配售也都属于网上定价发行模式。

20.【答案】 A

【解析】网上发行具有以下优点:①经济性,网上发行大大减轻了发行组织工作压力,减少了许多不必要的环节,为社会节省了大量的人力、物力和财力资源;②高效性,网上发行是借助证券交易所遍布全国各地的交易网络进行的,因此整个发行过程安全、高效。

21.【答案】 C

【解析】连续竞价是指对买卖申报逐笔连续撮合的竞价方式。连续竞价阶段的特点是,每一笔买卖委托输入交易自动撮合系统后,当即判断并进行不同的处理:能成交者予以成交;不能成交者等待机会成交;部分成交者则让剩余部分继续等待。

22.【答案】 C

【解析】"时间优先"的原则为:买卖方向、价格相同的,先申报者优先于后申报者。先后顺序按证券交易所交易主机接受申报的时间确定。

23.【答案】 D

【解析】在委托受理阶段,证券经纪商在收到客户委托后,应对委托人身份、委托内容、委托卖出的实际证券数量及委托买入的实际资金余额进行审查。经审查符合要求后,才能接受委托。

24.【答案】 B

【解析】Ⅳ项,我国在国际债券市场发行的债券品种有以下两种:①政府债券;②金融债券。

25.【答案】 B

【解析】我国发行国际债券始于20世纪80年代初期。当时,为利用国外资金,加快我国的建设步伐,我国开始利用国际债券市场筹集资金,主要的债券品种包括:①政府债券;②金融债券;③可转换公司债券。

26.【答案】 D

【解析】Ⅳ项,可交换债券交换为每股股份的价格应当不低于募集说明书公告日前30个交易日上市公司股票交易价格平均值的90%。

27.【答案】 D

【解析】Ⅳ项,零息债券又称贴现债券,是指不规定票面利率,低于面值发行,到期时按面值付给持券人的债券。零息债券对利率的改变特别敏感。一般而言,债券价格与利率变动呈反比关系。

28.【答案】 B

【解析】Ⅱ项,可转换公司债券的票面利率一般低于相同条件的不可转换公司债券;Ⅲ项,转换比例是指一定面额可转换债券可转换成普通股的股数。

29.【答案】 D

【解析】除Ⅰ、Ⅱ、Ⅲ三项外,政策性银行发行金融债券还应向中国人民银行报送下列文件:①承销协议;②金融债券发行登记表;③中国人民银行要求的其他文件。

30. 【答案】 C

【解析】Ⅲ项，若按发售价格向投资者销售国债，承销商可能亏损，因此财政部允许承销商在发行期内自定销售价格，随行就市发行。

31. 【答案】 C

【解析】企业可以发行无担保信用债券、资产抵押债券、第三方担保债券。其中，保证是连带责任保证，保证人应当具有代为清偿债务的能力。

32. 【答案】 C

【解析】Ⅱ项，交割月份前一个月下旬的第一个交易日起，持仓限额为600手。

33. 【答案】 D

【解析】现券交易可采用询价交易方式和点击成交交易方式。询价交易方式下可用意向报价、双向报价（仅适用资产支持证券）和对话报价；点击成交交易方式下可用做市报价、点击成交报价和限价报价。

34. 【答案】 D

【解析】询价交易方式是指交易双方自行协商确定交易价格以及其他交易要素的交易方式，询价交易方式下，报价包括意向报价、双向报价和对话报价三种报价方式。

35. 【答案】 D

【解析】在买断式回购的初始交易中，债券持有人将债券"卖"给逆回购方，所有权转移至逆回购方。由于所有权发生转移，因此买断式回购的逆回购方可以自由支配购入债券，如出售或用于回购质押等。

36. 【答案】 A

【解析】股票型基金、混合型基金及保本基金可以按照《证券投资基金参与股指期货交易指引》参与股指期货交易，债券型基金、货币市场基金不得参与股指期货交易。

37. 【答案】 D

【解析】证券投资基金的分类有以下几种：①根据运作方式的不同，可分为封闭式基金和开放式基金；②根据法律形式的不同，可分为契约型基金、公司型基金等；③根据投资对象的不同，可分为股票基金、债券基金、货币市场基金、混合基金、衍生证券投资基金等；④根据投资目标的不同，可分为增长型基金、收入型基金和平衡型基金；⑤依据投资理念的不同，可分为主动型基金与被动（指数）型基金；⑥根据募集方式的不同，可分为公募基金和私募基金；⑦根据资金来源和用途，可分为在岸基金和离岸
基金。

38. 【答案】 D

【解析】基金托管费是指基金托管人为保管和处置基金资产而向基金收取的费用。托管费通常按照基金资产净值的一定比率提取，逐日计算并累计，按月支付给托管人。

39. 【答案】 D

【解析】基金资产总值是指基金所拥有的各类证券的价值、银行存款本息、基金应收的申购基金款以及其他投资所形成的价值总和；基金资产净值是指基金资产总值减去负债后的价值。

40. 【答案】 D

【解析】除Ⅰ、Ⅱ、Ⅲ、Ⅳ四项外，基金托管人还有按照基金合同的约定，根据基金管理人的投资指令，及时办理清算、交割事宜等职责。

41. 【答案】 A

【解析】根据我国《证券投资基金法》第四十七条，基金份额持有人大会由全体基金份额持有人组成，行使下列职权：①决定基金扩募或者延长基金合同期限；②决定修改基金合同的重要内容或者提前终止基金合同；③决定更换基金管理人、基金托管人；④决定调整基金管理人、基金托管人的报酬标准；⑤基金合同约定的其他职权。

42. 【答案】 A

【解析】信托财产是指委托人通过信托行为，转给受托人并由受托人按照一定的信托目的管理或处理的财产，以及经过管理、运用或处分后取得的财产收益。按其形态，可将信托划分为资金信托、动产信托、不动产信托、有价证券信托和金钱债权信托。

43. 【答案】 C

【解析】证券投资基金在投资组合管理过程中对所投资证券进行的深入研究与分析，有利于促进信息的有效利用和传播，有利于市场合理定价，有利于市场有效性的提高和资源的合理配置。

44. 【答案】 C

【解析】金融衍生工具是交易双方通过对利率、汇率、股价等因素变动趋势的预测，约定在未来某一时间按照一定条件进行交易或选择是否交易的合约。

45. 【答案】 D

【解析】除Ⅰ、Ⅱ、Ⅲ、Ⅳ四项外，欧洲货币市场还有资金周转极快，调度十分灵便的特点。

46. 【答案】 B

【解析】按照金融期权基础资产性质的不同，金融期权可以分为股权类期权、利率期权、货币期权、金融期货合约期权、互换期权等。其中股权类期权包括三种类型：单只股票期权、股票组合期权和股价指数期权。

47. 【答案】 B

【解析】Ⅱ项，在金融期权交易中，只有期权出售者，尤其是无担保期权的出售者才需开立保证金账户，并按规定缴纳保证金，以保证其履约的义务。

48. 【答案】 C

【解析】Ⅰ、Ⅱ两项，对看涨期权而言，市场价格高于协定价格为实值期权；市场价格低于协定价格为虚值期权。对看跌期权而言，市场价格低于协定价格为实值期权；市场价格高于协定价格为虚值期权。

49. 【答案】 D

【解析】Ⅱ项属于市场风险；Ⅲ项属于政治风险。

50. 【答案】 D

【解析】风险管理与控制的核心包括风险的计量、风险限额的确定与分配、风险监控。

全国证券从业人员执业资格考试热题库

《金融市场基础知识》模拟试卷（三）

一、单项选择题（共 50 题，每小题 1 分，共 50 分。以下备选项中只有一项符合题目要求，不选、错选均不得分）

1. 资产证券化最早起源于（　　）。
   A. 德国　　　　　B. 英国　　　　　C. 希腊　　　　　D. 美国
2. 一行三会构成了中国金融业（　　）的格局。
   A. 分业监管　　　B. 多重监管　　　C. 混业监管　　　D. 同业监管
3. 证券市场以证券发行与交易的方式实现了（　　）的对接，有效地解决了资本的供求矛盾和资本结构调整的难题。
   A. 投资与并购　　　　　　　　　　B. 发行与回购
   C. 筹资与投资　　　　　　　　　　D. 一级市场与二级市场
4. 以下债券信用风险最小的是（　　）。
   A. 国库券　　　B. 短期金融债券　　C. 短期公司债券　　D. 长期金融债券
5. 政府机构进行证券投资的主要目的是进行宏观调控和（　　）。
   A. 获取投资回报　B. 调剂资金余缺　C. 获取资本收益　D. 获取利息
6. 参与人在机构间私募产品报价系统认购、申购、赎回、受让、转让私募产品，应当开通（　　）业务权限。
   A. 投资类　　　B. 推荐类　　　C. 创设类　　　D. 代理交易类
7. 我国证券公司监管制度包括以（　　）为核心的经营风险控制制度。
   A. 总资产　　　B. 净资本　　　C. 利润率　　　D. 净资产
8. 2015 年 1 月，（　　）发布了《证券市场资信评级机构评级业务实施细则（试行）》。
   A. 中国证券业协会　　　　　　　B. 中国人民银行
   C. 中国证监会　　　　　　　　　D. 中国银监会
9. 由承销商先全额购买发行人该次发行的证券，再向投资者发售，由承销商承担全部风险的承销方式是（　　）。
   A. 全额包销　　B. 全额直销　　C. 全额代销　　D. 全额自销
10. 负责证券投资者保护基金筹集、管理和使用的是（　　）。
    A. 证券投资基金
    B. 社保基金理事会
    C. 中国证券登记结算机构
    D. 中国证券投资者保护基金有限责任公司
11. 根据《证券交易所管理办法》的规定，证券交易所应当就证券上市的条件、申请和批准程序等事项制定具体的规则,这一职能体现了证券交易所对( )的管理。
  A. 证券交易所会员   B. 证券交易活动
  C. 证券登记结算   D. 上市公司
12. 目前,我国对证券交易所达成的多数证券交易均采用多边( )。
  A. 余额结算   B. 净额结算   C. 全额结算   D. 足额结算
13. 目前按照《证券法》的规定,证券公司客户的交易结算资金应当存放在商业银行,( )管理。
  A. 实名制   B. 采取银证转账的方式
  C. 投资金额大小分类设置账户   D. 以每个客户的名义单独立户
14. 上市公司股票的市场价格一般是指( )。
  A. 股票的发行价格   B. 股票的票面价值
  C. 股票的账面价值   D. 股票二级市场交易价格
15. 普通股股东可以优先认购新股的数量应当( )。
  A. 按照个人经济实力确定   B. 由股份公司确定
  C. 按持股比例确定   D. 无限制
16. 当股份公司因解散或破产进行清算时,优先股股东可优先于普通股股东分配公司的剩余资产,但一般是按优先股票的( )清偿。
  A. 固定股息率   B. 市值   C. 净值   D. 面值
17. 股份公司在提供优先认股权时,在股权登记日前交易的该公司股票可称为( )。
  A. 含权股   B. 分权股   C. 除权股   D. 无权股
18. 股票发行监管制度的核心内容是( )。
  A. 股票发行监督权的归属   B. 股票发行定价权的归属
  C. 股票发行决定权的归属   D. 股票发行方式选择权的归属
19. 申请股票在交易所上市,公司最近( )应无重大违法行为。
  A. 4年   B. 3年   C. 2年   D. 1年
20. 创业板指数以( )为权数,进行加权逐日连锁计算。
  A. 市值   B. 股本   C. 成交量   D. 流通股本
21. 投资者买卖证券的交易结算资金管理的账户是( )。
  A. B股账户   B. 资金账户   C. 基金账户   D. 证券账户
22. 证券公司向信用交易投资者收取的佣金、融资融券利息等相关费用,由证券公司通过( )扣收。
  A. 商业银行   B. 证券交易所   C. 资金存管银行   D. 中国结算公司
23. 对于下列几种非柜台委托形式的说法,理解正确的是( )。
  A. 客户通过电话自动委托,需要将委托要求通过电话报给证券经纪商
  B. 自助终端委托,包括需下载软件的客户端委托和无需下载软件、直接利用证券公司网站的页面客户端委托
  C. 人工电话委托中,证券经纪商需要把电脑交易系统和普通电话网络连接起来
  D. 在传真委托中,证券经纪商接到客户的传真委托书后,将委托内容输入交易系

统申报进场

24. 在上海证券交易所，（　　）首个交易日受价格涨跌幅10%波动限制。
   A. 首次公开发行的上市封闭式基金　　B. 暂停上市后恢复上市的股票
   C. 复牌首日交易的股票　　　　　　　D. 增发上市的股票

25. 沪股通股票以（　　）报价和交易。
   A. 人民币　　　　B. 欧元　　　　C. 港币　　　　D. 美元

26. 债券与股票的收益率相互影响，表现为（　　）。
   A. 股票收益率总是大于债券收益率
   B. 两者收益率的差异与两者风险成反比
   C. 如果市场有效，则两者的平均收益率相等
   D. 如果市场有效，则两者平均收益率会大体保持相对稳定的关系

27. 中期国债的偿还期限一般在（　　）。
   A. 1年以上　　　　　　　　　　　　B. 10年以内
   C. 1年以上、5年以下　　　　　　　　D. 1年以上、10年以下

28. 我国储蓄国债（电子式）是指财政部面向境内中国公民储蓄类资金发行的、以电子方式记录债权的（　　）的人民币债券。
   A. 不可流通　　　　　　　　　　　　B. 可在证券交易所上市交易
   C. 可在银行间债券市场转让　　　　　D. 可以在商业银行柜台流通

29. 欧洲债券是指借款人（　　）。
   A. 在本国境外市场发行、不以发行市场所在国货币为面值的国际债券
   B. 在欧洲国家发行、以该国货币标明面值的外国债券
   C. 在欧洲国家发行、以欧元标明面值的外国债券
   D. 在本国发行、以欧元标明面值的外国债券

30. 企业债券申请在证券交易所上市，实际发行额至少应为人民币（　　）。
   A. 1000万元　　B. 3000万元　　C. 5000万元　　D. 1亿元

31. 根据目前的规定，金融债发行人应在中国人民银行核准金融债券发行之日起（　　）工作日内开始发行金融债券，并在规定期限内完成发行。
   A. 30个　　　　B. 45个　　　　C. 60个　　　　D. 90个

32. 下列不符合上市公司申请发行可转换公司债券的情形是（　　）。
   A. 最近三年资产诚信准备计提充分合理，不存在操纵经营业绩的情形
   B. 最近三年及一期中有一年财务报表被注册会计师出具保留意见的审计报告
   C. 会计基础工作规范，严格遵循国家统一会计制度的规定
   D. 最近三年及一期中有一年财务报表被注册会计师出具带强调事项段的无保留意见审计执行，但所涉及的事项对发行申请人无重大不利影响

33. 下列有关国债销售的表述中，错误的是（　　）
   A. 市场利率趋于上升，就为承销商确定国债销售价格拓宽了空间
   B. 国债销售的价格一般不应低于承销商与发行人的结算价格，反之，承销商就有可能发生亏损

C. 降低销售价格，承销商的分销过程会缩短，资金的回收速度会加快
D. 如果国债承销价格定价过高，投资者就会倾向于二级市场上购买已流通的国债，从而阻止工作顺利进行

34. 中国结算公司上海分公司在买断式回购到期购回交收进行资金交收时，若融资方结算人备付金账户中当前可用于交收的余额小于某笔交易的金额，则（　　）。
   A. 按照该笔交易金额交收   B. 不进行该笔交易的资金交收
   C. 按照备付金账户当前余额交收   D. 融资方结算人补充资金后再交收

35. 关于证券回购交易，以下说法不正确的是（　　）。
   A. 债券回购交易更多地具有长期融资的属性
   B. 回购交易结合了现货交易和远期交易的特点
   C. 目前证券交易所上市的各类债券都可以用作质押式回购
   D. 开展债券回购交易业务的主要场所为沪、深证券交易所及全国银行间同业拆借中心

36. 下列有关清算和交收的表述中，错误的是（　　）。
   A. 清算是交收的基础和保证
   B. 通过交收完成证券与资金的收付
   C. 在清算阶段，不发生证券和资金的实际转移
   D. 交收确认结算参与人的债权债务关系

37. 在竞价撮合系统中，上海证券交易所国债买断式回购交易每笔申报限量为最小_____手、最大_____手。（　　）
   A. 1000；50000   B. 1000；10000
   C. 100；5000   D. 100；1000

38. 以下关于上市开放式基金（LOF）的表述，错误的是（　　）。
   A. 可以在场外市场进行申购、赎回   B. 可以在场内进行申购、赎回
   C. 不可以跨市场转托管   D. 可以在场内进行交易

39. 开放式基金份额的申购价格和赎回价格，是通过对某一时点上基金资产净值进行估值，在基金资产净值的基础上再加上一定的（　　）确定的。
   A. 手续费   B. 管理费   C. 过户费   D. 印花税

40. 基金管理费率的大小通常（　　）。
   A. 与基金规模成反比，与风险成正比   B. 与基金规模成正比，与风险成反比
   C. 与基金规模和风险均成反比   D. 与基金规模和风险均成正比

41. 证券投资基金具有集合投资的特点，集合投资的优点是（　　）。
   A. 风险固定   B. 收益稳定   C. 强化监管   D. 具有规模优势

42. 目前，在我国的证券投资基金估值中，通常按照（　　）对上市流通的有价证券进行估值。
   A. 均价   B. 收盘价   C. 最低价   D. 最高价

43. 构建股票投资组合的目的是（　　）。
   A. 降低系统性风险   B. 增加系统性收益

C. 增加非系统性收益 D. 降低非系统性风险

44. ETF 的申购和赎回在_____进行，市场交易在_____进行。（ ）
   A. 一级市场；一级市场 B. 一级市场；二级市场
   C. 二级市场；一级市场 D. 二级市场；二级市场

45. 以基础产品所属的信用风险或违约风险为基础变量的金融衍生工具属于（ ）。
   A. 股权类产品的衍生工具 B. 信用衍生工具
   C. 货币衍生工具 D. 利率衍生工具

46. 2007年以来发生的全球性金融危机当中，导致大量金融机构陷入危机的最重要一类衍生金融产品是（ ）。
   A. 货币互换 B. 股权互换 C. 利率互换 D. 信用违约互换

47. 为保证资产证券化业务中资金和基础资产的安全，特定目的机构通常聘请信誉良好的（ ）进行资金和资产的托管。
   A. 清算公司 B. 金融机构
   C. 证券中介机构 D. 大型工商企业

48. 期权交易实际上是一种权利的单方面有偿让渡，期权的买方以支付一定数量的（ ）为代价而拥有这种权利。
   A. 佣金 B. 期权费 C. 保证金 D. 手续费

49. 运用组合投资策略，可以降低、甚至消除（ ）。
   A. 政策风险 B. 系统风险 C. 市场风险 D. 非系统风险

50. 在某一特定时期内，如果某交易员的初始投资资产为100万，其投资收益率为20%，且投资组合的 VaR 值为80万元，那么其经风险调整后的资本收益（RAROC）为（ ）。
   A. 20% B. 25% C. 40% D. 50%

二、组合选择题（共50题，每小题1分，共50分。以下备选项中只有一项符合题目要求，不选、错选均不得分）

1. 关于其他交易场所，以下说法正确的有（ ）。
   Ⅰ. 在证券交易市场发展的早期，柜台市场是一种重要的形式
   Ⅱ. 场外交易市场包括店头市场
   Ⅲ. 其他交易场所是指证券交易所以外的证券交易市场
   Ⅳ. 场外交易市场只发生于投资者与证券公司之间
   A. Ⅱ、Ⅲ、Ⅳ B. Ⅰ、Ⅲ、Ⅳ C. Ⅰ、Ⅱ、Ⅳ D. Ⅰ、Ⅱ、Ⅲ

2. 我国中央银行宣布的货币政策的目标包括（ ）。
   Ⅰ. 促进国际化 Ⅱ. 保持货币币值的稳定
   Ⅲ. 促进经济增长 Ⅳ. 促进证券市场发展
   A. Ⅰ、Ⅱ、Ⅲ B. Ⅲ、Ⅳ C. Ⅱ、Ⅳ D. Ⅱ、Ⅲ

3. 某股份有限公司申请在上海证券交易所上市，其股本总额为6亿元，根据规定需要满足的条件有（ ）。

Ⅰ．股票经中国证监会核准已公开发行

Ⅱ．最近3年无重大违法行为，财务会计报告无虚假记载

Ⅲ．公开发行股份的比例达到25%以上

Ⅳ．公开发行股份的比例达到10%以上

A．Ⅱ、Ⅲ、Ⅳ　　　　B．Ⅰ、Ⅲ、Ⅳ　　　　C．Ⅰ、Ⅱ、Ⅳ　　　　D．Ⅰ、Ⅱ、Ⅲ

4．根据不同的投资者对风险的不同态度，理论上可以将投资者分为以下类型（　　）。

Ⅰ．风险偏好型　　Ⅱ．风险中立型　　Ⅲ．风险模糊型　　Ⅳ．风险回避型

A．Ⅰ、Ⅱ、Ⅲ　　　　B．Ⅰ、Ⅱ、Ⅳ　　　　C．Ⅰ、Ⅲ、Ⅳ　　　　D．Ⅱ、Ⅲ、Ⅳ

5．我国《证券法》规定，证券公司的自营业务必须使用（　　）。

Ⅰ．自有资金　　　　　　　　　　Ⅱ．客户交易结算资金

Ⅲ．客户保证金　　　　　　　　　Ⅳ．依法筹集的资金

A．Ⅰ、Ⅱ　　　　　　B．Ⅰ、Ⅳ　　　　　　C．Ⅱ、Ⅲ　　　　　　D．Ⅱ、Ⅳ

6．下列说法中，错误的有（　　）。

Ⅰ．证券公司减少注册资本，必须经过中国证监会批准

Ⅱ．证券公司变更持有3%以上股权的股东，必须经过中国证监会批准

Ⅲ．证券公司停业、解散，必须经过中国证监会批准

Ⅳ．证券公司在境外设立证券经营机构，不需经过中国证监会批准

A．Ⅰ、Ⅱ　　　　　　B．Ⅰ、Ⅳ　　　　　　C．Ⅱ、Ⅲ　　　　　　D．Ⅱ、Ⅳ

7．证券公司接受证券买卖的委托，应当根据委托书载明的（　　）等，按照交易规则代理买卖证券，如实进行交易记录。

Ⅰ．买卖数量　　Ⅱ．出价方式　　Ⅲ．证券名称　　Ⅳ．价格幅度

A．Ⅰ、Ⅲ　　　　　　B．Ⅱ、Ⅲ　　　　　　C．Ⅰ、Ⅱ、Ⅳ　　　　D．Ⅰ、Ⅱ、Ⅲ、Ⅳ

8．投资咨询机构及其从业人员从事证券服务业务，禁止的行为包括（　　）。

Ⅰ．利用媒体传播虚假信息

Ⅱ．与委托人约定分享证券投资收益或分担证券投资损失

Ⅲ．买卖本咨询机构提供服务的上市公司股票

Ⅳ．代理委托人从事证券投资

A．Ⅰ、Ⅱ、Ⅲ、Ⅳ　　　　　　　　B．Ⅰ、Ⅱ、Ⅳ

C．Ⅱ、Ⅲ　　　　　　　　　　　　D．Ⅰ、Ⅲ

9．中国证监会对投行业务的非现场检查主要是通过对证券公司的（　　）等资料进行定期和不定期的统计分析，通过及时发现存在的问题。

Ⅰ．财务报表附注　　　　　　　　Ⅱ．年度报告

Ⅲ．董事会报告　　　　　　　　　Ⅳ．与承销业务有关的自查内容

A．Ⅰ、Ⅱ、Ⅲ、Ⅳ　　　　　　　　B．Ⅰ、Ⅱ、Ⅳ

C．Ⅱ、Ⅲ　　　　　　　　　　　　D．Ⅰ、Ⅲ

10．证券投资者保护基金的资金运用限于（　　）等形式。

Ⅰ．购买国债　　　　　　　　　　Ⅱ．银行存款

Ⅲ．购买中央银行债券　　　　　　Ⅳ．购买股票

A. Ⅱ、Ⅲ、Ⅳ　　B. Ⅰ、Ⅲ、Ⅳ　　C. Ⅰ、Ⅱ、Ⅳ　　D. Ⅰ、Ⅱ、Ⅲ

11. 中国证券登记结算公司为证券交易提供集中（　　）服务。
    Ⅰ. 经纪　　　　Ⅱ. 存管　　　　Ⅲ. 登记　　　　Ⅳ. 结算
    A. Ⅱ、Ⅲ、Ⅳ　　B. Ⅰ、Ⅲ、Ⅳ　　C. Ⅰ、Ⅱ、Ⅳ　　D. Ⅰ、Ⅱ、Ⅲ

12. 下列机构中，中国证监会有权对其进行现场检查的有（　　）。
    Ⅰ. 上市公司
    Ⅱ. 从事证券服务业务的资产评估机构
    Ⅲ. 证券发行人
    Ⅳ. 从事证券服务业务的资信评估机构
    A. Ⅱ、Ⅳ　　　B. Ⅰ、Ⅳ　　　C. Ⅰ、Ⅲ　　　D. Ⅰ、Ⅱ

13. 关于公司送股的说法不正确的有（　　）。
    Ⅰ. 股东持有的股份数量因此而增长
    Ⅱ. 股东在公司中占有的权益比例增加
    Ⅲ. 股东账面价值增加
    Ⅳ. 送股实质上是留存利润的凝固化和资本化
    A. Ⅰ、Ⅱ　　　B. Ⅰ、Ⅳ　　　C. Ⅱ、Ⅲ　　　D. Ⅱ、Ⅳ

14. 以下说法正确的有（　　）。
    Ⅰ. 上市公司增发新股，只能向公众公开增发
    Ⅱ. 上市公司转增股本，是将资本公积金转为实收资本或者股本
    Ⅲ. 上市公司配股，原股东可以放弃配股权
    Ⅳ. 上市公司股份回购，可以使用借贷资金
    A. Ⅰ、Ⅱ　　　B. Ⅰ、Ⅳ　　　C. Ⅱ、Ⅲ　　　D. Ⅱ、Ⅳ

15. 无记名股票的特点包括（　　）。
    Ⅰ. 认购股票时要求一次缴纳出资　　Ⅱ. 安全性较差
    Ⅲ. 股东权利归属股票的持有人　　　Ⅳ. 转让相对简便
    A. Ⅰ、Ⅱ、Ⅲ、Ⅳ　　　　　　　　B. Ⅰ、Ⅱ、Ⅳ
    C. Ⅱ、Ⅲ　　　　　　　　　　　　D. Ⅰ、Ⅲ

16. 下列关于优先股的表述正确的有（　　）。
    Ⅰ. 优先股作为一种股权证书代表着对公司的所有权
    Ⅱ. 优先股的风险小于普通股
    Ⅲ. 优先股股东与普通股股东拥有一样的表决权
    Ⅳ. 公司破产清算时，优先股股东可优先于普通股股东分配公司剩余资产
    A. Ⅰ、Ⅱ、Ⅲ　　B. Ⅰ、Ⅱ、Ⅳ　　C. Ⅰ、Ⅲ、Ⅳ　　D. Ⅱ、Ⅲ、Ⅳ

17. 下列关于股票的表述，正确的有（　　）。
    Ⅰ. 公司向法人发行的股票，既可以记载该法人的名称，也可以记载法定代表人的姓名
    Ⅱ. 公司向法人发行的股票，应当为记名股票
    Ⅲ. 公司发行的股票，可以为记名股票，也可以为无记名股票

Ⅳ. 发起人的股票，应当标明发起人股票字样
　　A. Ⅱ、Ⅲ、Ⅳ　　　B. Ⅰ、Ⅲ、Ⅳ　　　C. Ⅰ、Ⅱ、Ⅳ　　　D. Ⅰ、Ⅱ、Ⅲ

18. 下列关于上市公司向不特定对象公开募集股份的特别规定，表述正确的有（　　）。
　　Ⅰ. 上市公司原有股东可以参与认购新发股份
　　Ⅱ. 拟增发股份数量须不超过本次增发股份的股本总额的50%
　　Ⅲ. 除金融类企业外，最近一期末不存在持有金额较大的交易性金融资产和可借出售的金融资产、借予他人款项、委托理财等财务性投资的情形
　　Ⅳ. 最近三个会计年度加权平均净资产收益率平均不低于6%，扣除非经常性损益后的净利润与扣除的净利润相比，以低者作为加权平均净资产收益率的计算依据
　　A. Ⅲ、Ⅳ　　　B. Ⅱ、Ⅲ　　　C. Ⅰ、Ⅳ　　　D. Ⅰ、Ⅱ

19. 上市公司申请公开发行新股，应符合的要求有（　　）。
　　Ⅰ. 业务和盈利来源相对稳定，不存在严重依赖于控股股东、实际控制人的情形
　　Ⅱ. 不存在可能严重影响公司持续经营的担保、诉讼、仲裁或其他重大事项
　　Ⅲ. 现有主营业务或投资方向能够可持续发展，经营模式和投资计划稳健，行业经营环境和市场需求不存在现实或可预见的重大不利变化
　　Ⅳ. 最近24个月内曾公开发行证券的，不存在发行当年营业利润比上年下降50%以上的情形
　　A. Ⅰ、Ⅲ　　　B. Ⅱ、Ⅲ　　　C. Ⅰ、Ⅱ、Ⅳ　　　D. Ⅰ、Ⅱ、Ⅲ、Ⅳ

20. 关于上海证券交易所和深圳证券交易所申报时间的规定，以下表述正确的是（　　）。
　　Ⅰ. 上海证券交易所规定，接受会员竞价交易申报的时间为每个交易日9:15~9:25、9:30~11:30、13:00~15:00
　　Ⅱ. 深圳证券交易所规定，接受会员竞价交易申报的时间为每个交易日9:15~11:30、13:00~15:00
　　Ⅲ. 每个交易日9:20~9:25的开盘集合竞价阶段，上海证券交易所交易主机不接受撤单申报
　　Ⅳ. 上海证券交易所和深圳证券交易所认为必要时，都可以调整接受申报时间
　　A. Ⅰ、Ⅱ、Ⅲ、Ⅳ　　　B. Ⅰ、Ⅲ、Ⅳ
　　C. Ⅰ、Ⅱ、Ⅲ　　　　　D. Ⅱ、Ⅲ

21. 按照我国现行规定，在证券交易所上市交易的下列证券中，投资者买卖证券不须缴纳证券交易印花税的有（　　）。
　　Ⅰ. 企业债现货　　Ⅱ. 国债逆回购　　Ⅲ. 国债现货　　Ⅳ. 可转换债券
　　A. Ⅰ、Ⅱ、Ⅲ、Ⅳ　　　B. Ⅰ、Ⅱ、Ⅳ
　　C. Ⅱ、Ⅲ　　　　　　　D. Ⅰ、Ⅲ

22. 下列关于委托价格的说法，正确的有（　　）。
　　Ⅰ. 市价委托只有在委托执行后才知道实际的执行价格
　　Ⅱ. 限价委托可以以投资者预期的价格或更有利的价格成交，有利于投资者实现预

期投资计划

Ⅲ. 限价委托成交速度慢,有时甚至无法成交

Ⅳ. 市价委托没有价格上的限制,证券经纪商执行委托指令比较容易,成交迅速且成交率高

A. Ⅰ、Ⅱ、Ⅲ、Ⅳ　　　　　　　　B. Ⅰ、Ⅲ、Ⅳ
C. Ⅰ、Ⅱ、Ⅲ　　　　　　　　　　D. Ⅱ、Ⅲ

23. 下列关于证券公司次级债务的说法,正确的是(　　)。

Ⅰ. 它可分为长期次级债务和短期次级债务

Ⅱ. 长期次级债务可以按一定比例计入净资本

Ⅲ. 借入期限在3个月以上(含3个月)、2年以下(不含2年)的为短期次级债务

Ⅳ. 短期次级债务可以计入净资本,并在开展特定业务时按规定扣除风险准备

A. Ⅰ、Ⅱ　　B. Ⅰ、Ⅱ、Ⅲ　　C. Ⅰ、Ⅱ、Ⅳ　　D. Ⅱ、Ⅲ、Ⅳ

24. 下列各项中,属于债券特征的是(　　)。

Ⅰ. 永久性　　Ⅱ. 流动性　　Ⅲ. 安全性　　Ⅳ. 收益性

A. Ⅱ、Ⅳ　　B. Ⅲ、Ⅳ　　C. Ⅰ、Ⅱ、Ⅲ　　D. Ⅱ、Ⅲ、Ⅳ

25. 下列各项中,属于储蓄国债(电子式)特点的是(　　)。

Ⅰ. 针对机构投资者发行

Ⅱ. 采用实名制,不可以流通转让

Ⅲ. 采用电子方式记录债权

Ⅳ. 收益安全稳定,由财政部负责还本付息,免缴利息税

A. Ⅰ、Ⅱ、Ⅲ、Ⅳ　　　　　　　　B. Ⅱ、Ⅲ、Ⅳ
C. Ⅱ、Ⅲ　　　　　　　　　　　　D. Ⅰ、Ⅳ

26. 国际债券的发行人主要是(　　)。

Ⅰ. 工商企业　　　　　　　　　　Ⅱ. 银行或其他金融机构

Ⅲ. 国际组织　　　　　　　　　　Ⅳ. 各国政府

A. Ⅰ、Ⅱ、Ⅲ、Ⅳ　　　　　　　　B. Ⅰ、Ⅱ、Ⅳ
C. Ⅲ、Ⅳ　　　　　　　　　　　　D. Ⅰ、Ⅱ

27. 以下选择中,哪些属于债券的基本性质?(　　)

Ⅰ. 债券属于有价证券　　　　　　Ⅱ. 债券是一种虚拟资本

Ⅲ. 债券是设权债券　　　　　　　Ⅳ. 债券是债权的表现

A. Ⅱ、Ⅲ、Ⅳ　　B. Ⅰ、Ⅱ、Ⅳ　　C. Ⅰ、Ⅱ　　D. Ⅰ、Ⅱ

28. 根据《非金融企业债务融资工具信用评级业务自律指引》的规定,下列说法正确的是(　　)。

Ⅰ. 评级结果有效期内发生可能影响受评对象偿债能力的重大事项时,信用评级机构应及时启动不定期跟踪评级程序,发布不定期跟踪评级结果和报告

Ⅱ. 信用评级机构在终止跟踪评级时,应公布最近一次的评级结果及其有效期,说明此项信用评级此后不再更新

Ⅲ. 信用评级机构应完整保存评级业务开展过程中的资料、文档、记录和报告等业

务信息

Ⅳ．业务档案的保存期限应不低于10年，且不低于债务融资工具存续期满后3年

A．Ⅰ、Ⅱ、Ⅲ　　B．Ⅲ、Ⅳ　　C．Ⅱ、Ⅳ　　D．Ⅰ、Ⅱ

29．下列属于1981年后我国发行的普通国债品种的是（　　）。

Ⅰ．记账式国债　　　　　　　　Ⅱ．凭证式国债

Ⅲ．储蓄国债（电子式）　　　　Ⅳ．无记名国债

A．Ⅱ、Ⅳ　　B．Ⅰ、Ⅱ、Ⅲ　　C．Ⅰ、Ⅲ、Ⅳ　　D．Ⅰ、Ⅱ、Ⅲ、Ⅳ

30．企业集团财务公司发行金融债券应具备的条件有（　　）。

Ⅰ．财务公司已发行、尚未兑付的金融债券总额不得超过其净资产总额的100%，发行金融债券后，资本充足率不低于10%

Ⅱ．财务公司设立1年以上，经营状况良好，申请前一年利润率不低于行业平均水平，且有稳定的盈利预期

Ⅲ．申请前一年，不良资产率低于行业平均水平，资产损失准备拨备充足

Ⅳ．申请前一年，注册资本金不低于1亿人民币，净资产不低于行业平均水平

A．Ⅰ、Ⅱ、Ⅲ　　B．Ⅰ、Ⅱ、Ⅳ　　C．Ⅰ、Ⅲ、Ⅳ　　D．Ⅱ、Ⅲ、Ⅳ

31．关于证券交易所质押式回购的交易报价，正确的说法有（　　）。

Ⅰ．上海证券交易所申报单位为手，1000元标准券为1手

Ⅱ．我国目前采用的是以年收益率作为报价方式

Ⅲ．深圳证券交易所申报单位为张，1000元标准券为1张

Ⅳ．我国目前采用的是以到期购回价作为报价方式

A．Ⅲ、Ⅳ　　B．Ⅱ、Ⅲ　　C．Ⅰ、Ⅳ　　D．Ⅰ、Ⅱ

32．全国银行间债券市场债券回购交易的交收方式包括（　　）。

Ⅰ．见款付券　　Ⅱ．券款对付　　Ⅲ．持券对付　　Ⅳ．见券付款

A．Ⅱ、Ⅲ、Ⅳ　　B．Ⅰ、Ⅱ、Ⅳ　　C．Ⅰ、Ⅲ、Ⅳ　　D．Ⅰ、Ⅱ、Ⅲ

33．在证券交易所质押式回购交易开始时，（　　）申报买卖方向为买入。

Ⅰ．融入资金方　　Ⅱ．以资融券方　　Ⅲ．融出资金方　　Ⅳ．以券融资方

A．Ⅲ、Ⅳ　　B．Ⅱ、Ⅲ　　C．Ⅰ、Ⅳ　　D．Ⅰ、Ⅱ

34．下列中国结算公司上海分公司对于买断式回购履约金归属的判定规则，正确的有（　　）。

Ⅰ．融资方申报不履约，融券方无力履约时，保证金归融券方

Ⅱ．融资方履约，融券方无力履约时，保证金归融资方

Ⅲ．双方均无力履约，保证金返还双方

Ⅳ．双方均申报不履约，保证金归风险基金

A．Ⅲ、Ⅳ　　B．Ⅱ、Ⅳ　　C．Ⅰ、Ⅲ　　D．Ⅰ、Ⅱ

35．《证券投资基金法》对基金投资或者活动作出了限制性规定，包括（　　）。

Ⅰ．向他人贷款或者提供担保

Ⅱ．从事承担无限责任的投资

Ⅲ．向其基金管理人、基金托管人出资

Ⅳ．承销证券
A．Ⅰ、Ⅱ、Ⅲ、Ⅳ   B．Ⅰ、Ⅱ、Ⅲ
C．Ⅲ、Ⅳ   D．Ⅱ、Ⅳ

36. 在美国，基金设立的两个重要法律文件包括（   ）。
    Ⅰ．基金合同   Ⅱ．基金财务报告
    Ⅲ．基金招募说明书   Ⅳ．基金年度报告
    A．Ⅰ、Ⅱ   B．Ⅰ、Ⅲ   C．Ⅰ、Ⅳ   D．Ⅱ、Ⅲ

37. 目前我国货币市场基金不得投资的金融工具主要包括（   ）。
    Ⅰ．股票   Ⅱ．可转换债券
    Ⅲ．信用等级在 AA+级以下的企业债券   Ⅳ．现金
    A．Ⅲ、Ⅳ   B．Ⅰ、Ⅱ、Ⅲ   C．Ⅰ、Ⅱ、Ⅳ   D．Ⅰ、Ⅱ、Ⅲ、Ⅳ

38. 根据运作方式的不同，可以将基金分为（   ）。
    Ⅰ．封闭式基金   Ⅱ．开放式基金   Ⅲ．契约型基金   Ⅳ．公司型基金
    A．Ⅰ、Ⅱ   B．Ⅱ、Ⅲ   C．Ⅰ、Ⅳ   D．Ⅲ、Ⅳ

39. 以下关于证券投资基金、股票、债券的说法，正确的有（   ）。
    Ⅰ．股票的直接收益取决于公司的经营效益，投资风险相对较大
    Ⅱ．一般而言，证券投资基金的收益低于债券，投资风险大于股票
    Ⅲ．证券投资基金的收益可能高于债券，投资风险可能小于股票
    Ⅳ．债券的直接收益取决于债券利率，投资风险相对较小
    A．Ⅱ、Ⅲ、Ⅳ   B．Ⅰ、Ⅲ、Ⅳ   C．Ⅰ、Ⅱ、Ⅲ   D．Ⅰ、Ⅱ、Ⅲ

40. 指数基金特别适合于社保基金投资是因为指数基金（   ）。
    Ⅰ．高流动性   Ⅱ．收益率的稳定性
    Ⅲ．投资的分散性   Ⅳ．低流动性
    A．Ⅰ、Ⅲ、Ⅳ   B．Ⅰ、Ⅲ、Ⅳ   C．Ⅰ、Ⅱ、Ⅳ   D．Ⅰ、Ⅱ、Ⅲ

41. 影响封闭式基金交易价格的主要因素包括（   ）。
    Ⅰ．基金份额资产净值   Ⅱ．基金净值公布方式
    Ⅲ．基金净值公布频率   Ⅳ．市场供求状况
    A．Ⅰ、Ⅱ   B．Ⅰ、Ⅳ   C．Ⅱ、Ⅲ   D．Ⅲ、Ⅳ

42. 下列表述正确的有（   ）。
    Ⅰ．基金管理人负责基金资产的保管
    Ⅱ．基金托管人必须对基金份额持有人负责，监督基金管理人的行为
    Ⅲ．基金管理人是基金运营的核心
    Ⅳ．基金托管人负责基金资产的经营
    A．Ⅰ、Ⅱ   B．Ⅰ、Ⅳ   C．Ⅱ、Ⅲ   D．Ⅲ、Ⅳ

43. 基金托管人在保管基金财产时，以下哪些行为不符合法律规定？（   ）
    Ⅰ．基金的所有财产都计入基金托管人名下
    Ⅱ．基金银行存款账户以基金管理人的名义申请设立
    Ⅲ．同一家基金公司旗下基金设立一个共同账户

Ⅳ. 基金托管人可以从事对基金有利的适当的投资活动
   A. Ⅰ、Ⅱ、Ⅲ、Ⅳ   B. Ⅱ、Ⅲ、Ⅳ
   C. Ⅰ、Ⅱ、Ⅲ
   D. Ⅰ、Ⅲ

44. 下列关于金融期货交易与金融现货交易区别的说法，正确的是（　　）。
   Ⅰ. 金融现货交易的对象是某一具体形态的金融工具
   Ⅱ. 金融期货交易的对象是金融期货合约
   Ⅲ. 金融现货交易的首要目的是筹资或投资
   Ⅳ. 金融期货交易也是一种投资工具，能够创造价值
   A. Ⅰ、Ⅱ   B. Ⅰ、Ⅱ、Ⅲ   C. Ⅰ、Ⅲ、Ⅳ   D. Ⅰ、Ⅱ、Ⅲ、Ⅳ

45. 金融期货具备的功能包括（　　）。
   Ⅰ. 套期保值   Ⅱ. 价格发现   Ⅲ. 投机   Ⅳ. 套利
   A. Ⅰ、Ⅱ、Ⅲ、Ⅳ   B. Ⅰ、Ⅱ、Ⅲ、Ⅳ
   C. Ⅰ、Ⅱ、Ⅳ   D. Ⅱ、Ⅲ

46. 下列能够作为信用违约互换中参考信用工具的有（　　）。
   Ⅰ. 按揭贷款   Ⅱ. 按揭支持证券   Ⅲ. 各国国债   Ⅳ. 债券指数
   A. Ⅰ、Ⅱ、Ⅲ、Ⅳ   B. Ⅱ、Ⅲ、Ⅳ
   C. Ⅰ、Ⅲ、Ⅳ   D. Ⅰ、Ⅱ、Ⅲ

47. 下列关于远期交易，期货交易的说法中，正确的是（　　）。
   Ⅰ. 远期交易本质上是现货交易的一种特殊情形
   Ⅱ. 随着交易技术及市场制度的发展，远期交易也带有了一定的标准化色彩
   Ⅲ. 监管者面临的技术难题之一是区分期货交易与变相期货交易
   Ⅳ. 现实世界中，很难对现货交易与远期交易作出截然的划分
   A. Ⅰ、Ⅱ、Ⅲ、Ⅳ   B. Ⅰ、Ⅱ、Ⅲ
   C. Ⅱ、Ⅲ   D. Ⅰ、Ⅳ

48. 股权类期货是以（　　）为基础资产的期货合约。
   Ⅰ. 单只股票   Ⅱ. 股票组合   Ⅲ. 认股权证   Ⅳ. 股票价格指数
   A. Ⅰ、Ⅱ   B. Ⅰ、Ⅱ、Ⅳ   C. Ⅰ、Ⅲ、Ⅳ   D. Ⅰ、Ⅱ、Ⅲ

49. 信用风险会受到发行人的（　　）等因素的影响。
   Ⅰ. 经营能力   Ⅱ. 盈利水平   Ⅲ. 事业稳定程度   Ⅳ. 规模大小
   A. Ⅰ、Ⅱ   B. Ⅲ、Ⅳ   C. Ⅰ、Ⅲ、Ⅳ   D. Ⅰ、Ⅱ、Ⅲ、Ⅳ

50. 对冲机制是指交易者利用期货合约标准化的特征，在开仓和平仓的时候分别做两笔（　　）相同但方向相反的交易，并且不进行实物交割，而是以结清差价的方式结束交易的独特交易机制。
   Ⅰ. 品种   Ⅱ. 数量   Ⅲ. 价格   Ⅳ. 期限
   A. Ⅰ、Ⅱ、Ⅲ   B. Ⅰ、Ⅱ、Ⅳ   C. Ⅰ、Ⅲ、Ⅳ   D. Ⅱ、Ⅲ、Ⅳ

模拟试卷（三）参考答案及解析

一、单项选择题

1. 【答案】 D

【解析】资产证券化起源于美国，最初是储蓄银行、储蓄贷款协会等机构的住宅抵押贷款的证券化，接着商业银行也纷纷效仿，对其债权实行证券化，以增强其资产的流动性和市场性。

2. 【答案】 A

【解析】2003年4月28日银监会正式挂牌运作，标志着中国金融业目前形成了证监会、银监会、保监会"三驾马车"式垂直的分业监管体制，自此"一行三会"的监管架构正式形成。

3. 【答案】 C

【解析】证券市场是有价证券发行和交易的场所，它以证券发行与交易的方式实现了筹资与投资的对接，有效地化解了资本的供求矛盾和资本结构调整的难题。

4. 【答案】 A

【解析】政府债券的信用风险最低，一般认为中央政府债券几乎没有信用风险，其他债券的信用风险从低到高依次排列为地方政府债券、金融债券、公司债券。国库券属于政府债券的一种。

5. 【答案】 B

【解析】机构投资者主要有政府机构、金融机构、企业和事业法人及各类基金等。政府机构参与证券投资的目的主要是为了调剂资金余缺和进行宏观调控。各级政府及政府机构出现资金剩余时，可通过购买政府债券、金融债券投资于证券市场。

6. 【答案】 A

【解析】参与人在报价系统的业务权限分为投资类、创设类、推荐类、代理交易类和展示类。开通投资类业务权限的机构，可以在报价系统认购、申购、赎回、受让、转让已在报价系统注册的私募产品，并且可以通过报价系统办理签约、结算、支付等业务。

7. 【答案】 B

【解析】我国证券公司的监管制度主要包括：①以诚信与资质为标准的市场准入制度；②以净资本为核心的经营风险控制制度；③合规管理制度；④客户交易结算资金第三方存管制度；⑤信息报送与披露制度。

8. 【答案】 A

【解析】为加强证券资信评级行业自律管理工作，提高证券评级业务规范运作水平，促进证券资信评级行业健康发展，中国证券业协会起草了《证券市场资信评级机构评级业务实施细则（试行）》。经常务理事会通过，自发布之日（2015年1月6日）起实施。

9. 【答案】 A

【解析】证券包销是指证券公司将发行人的证券按照协议全部购入或者在承销期结束时将售后剩余证券全部自行购入的承销方式，前者为全额包销，后者为余额包销。

10.【答案】 D

【解析】根据中国证监会、财政部、中国人民银行联合发布的《证券投资者保护基金管理办法》，中国证券投资者保护基金有限责任公司于 2005 年 8 月 30 日注册成立。保护基金公司是负责保护基金筹集、管理和使用，不以营利为目的的国有独资公司。

11.【答案】 D

【解析】证券交易所的自律管理之一是证券交易所对上市公司的管理。根据《证券交易所管理办法》的规定，证券交易所应当根据有关法律、行政法规，就证券上市的条件、申请和批准程序以及上市协议的内容及格式，上市公告书的内容及格式，上市推荐人的资格、责任、义务，上市费用及其他有关费用的收取方式和标准，对违反上市规则行为的处理规定等事项，制定具体的上市规则。

12.【答案】 B

【解析】证券交易结算方式可分为全额结算和净额结算。全额结算是指交易双方对所达成的交易实行逐笔清算，并逐笔转移证券和资金；净额结算是指交易双方对所达成的交易实行轧差清算，并对轧抵之后的证券和资金的净额进行交付。目前，我国对证券交易所达成的多数证券交易均采取多边净额结算方式。

13.【答案】 D

【解析】根据我国《证券法》第一百三十九条规定，证券公司客户的交易结算资金应当存放在商业银行，以每个客户的名义单独立户管理。

14.【答案】 D

【解析】股票的市场价格一般是指股票在二级市场上交易的价格。根据价值规律，股票的市场价格是由股票的内在价值决定的，但同时也受许多其他因素的影响。

15.【答案】 C

【解析】优先认股权是指当股份公司为增加公司注册资本而发行新股时，原普通股股东按其持股比例，可以按低于股票市价的特定价格购买公司新发行的一定数量股票的权利。

16.【答案】 D

【解析】当股份公司因解散或破产进行清算时，在公司剩余资产的分配上，优先股的受偿顺序在普通股之前，在公司债权之后，优先股股东可优先于普通股股东分配公司的剩余资产，一般是按照优先股票的面值清偿。

17.【答案】 A

【解析】含权股是指含有股利的、尚未除权的股票。股份公司在提供优先认股权时会设定一个股权登记日，在此日期前（包括此日）认购普通股票的，该股东享有优先认股权，因此在股权登记日前交易的股票称为含权股。

18.【答案】 C

【解析】股票发行监管制度的核心内容是股票发行决定权的归属，主要类型包括：①审批制；②核准制；③注册制。

19.【答案】 B

【解析】根据《证券法》及证券交易所上市规则的规定，股份有限公司申请其股票上市必须符合的条件之一为公司最近 3 年无重大违法行为，财务会计报告无虚假记载。

20. 【答案】 D

【解析】创业板综合指数以在深圳证券交易所企业板上市的全部股票为样本。创业板指数以可流通股本数为权数，进行加权逐日连锁计算。

21. 【答案】 B

【解析】开户即开立证券账户和开立资金账户。其中，资金账户用来记载和反映投资者买卖证券的货币收付和结存数额。

22. 【答案】 C

【解析】投资者在委托买卖证券时需支付多项费用，如佣金、过户费、印花税等。证券公司向信用交易投资者收取的佣金、融资融券利息等相关费用，由证券公司通过资金存管银行扣收。

23. 【答案】 D

【解析】A项描述的是人工电话委托；B项描述的是网上委托；C项描述的是电话自动委托；D项，传真委托是指客户填写委托内容后，采用传真的方式表达委托要求，证券经纪商接到传真委托书后，将委托内容输入交易系统申报进场。

24. 【答案】 C

【解析】上海证券交易所规定，属于下列情形之一的，首个交易日不实行价格涨跌幅限制：①首次公开发行上市的股票和封闭式基金；②增发上市的股票；③暂停上市后恢复上市的股票；④退市后享新上市的股票；⑤证券交易所或中国证监会认定的其他情形。

25. 【答案】 A

【解析】沪港通对投资者采用双向人民币交收，即内地投资者买卖以港币报价的港股通股票，中国香港投资者买卖以人民币报价的沪股通股票，均以人民币交收。

26. 【答案】 D

【解析】从单个债券和股票看，它们的收益率经常会发生差异。但总体而言，如果市场是有效的，则债券的平均收益率和股票的平均收益率会大体保持相对稳定的关系，其差异反映了两者风险程度的差别。

27. 【答案】 D

【解析】中期国债是指偿还期限在 1 年以上、10 年以下的国债。政府发行中期国债筹集的资金或用于弥补赤字，或用于投资，不用于临时周转。

28. 【答案】 A

储蓄国债（电子式）是指财政部面向境内中国公民储蓄类资金发行的、以电子方式记录债权的不可流通的人民币债券。储蓄国债（电子式）自发行之日起计息，付息方式分为利随本清和定期付息两种。

29. 【答案】 A

【解析】欧洲债券是指借款人在本国境外市场发行的、不以发行市场所在国货币为面值的国际债券。其特点是债券发行者、债券发行地点和债券面值所使用的货币可以分别属于不同的国家。

30. 【答案】 C

【解析】根据修订后的上市规则，上海证券交易所对公司债券的上市、交易实行分类管理。据此要求，公司债券申请上市，债券的实际发行额不少于人民币 5000 万元。

31.【答案】　C

【解析】发行人应在中国人民银行核准金融债券发行之日起 60 个工作日内开始发行金融债券，并在规定期限内完成发行。发行人未能在规定期限内完成发行的，原金融债券发行核准文件自动失效，发行人不得继续发行本期金融债券。

32.【答案】　B

【解析】B 项，最近 3 年及 1 期财务报表未被注册会计师出具保留意见、否定意见或无法表示意见的审计报告。

33.【答案】　A

【解析】A 项，市场利率趋于上升，就限制了承销商确定销售价格的空间；市场利率趋于下降，就为承销商确定销售价格拓宽了空间。

34.【答案】　B

【解析】中国结算公司上海分公司进行买断式回购到期购回资金交收，在剔除融资方结算参与人已作不履约申报的交易后，若该资金交收账户中当前可用于交收的余额小于某笔交易的金额，则判定该笔交易为融资方违约，不进行该笔交易的资金交收。

35.【答案】　A

【解析】A 项，证券回购交易更多地具有短期融资的属性。

36.【答案】　D

【解析】D 项，清算确认结算参与人的债权债务关系。

37.【答案】　A

【解析】国债买断式回购交易按照证券账户进行申报。每笔申报限量：竞价撮合系统最小 1000 手、最大 50000 手。

38.【答案】　C

【解析】上市开放式基金（LOF）是一种可以同时在场外市场进行基金份额申购、赎回，又可以在交易所进行基金份额交易和基金份额申购或赎回，并通过份额转托管机制将场外市场与场内市场有机地联系在一起的一种开放式基金。

39.【答案】　A

【解析】开放式基金份额的申购价格和赎回价格，是通过对某一时点上基金份额实际代表的价值即基金资产净值进行估值，在基金资产净值的基础上再加一定的手续费而确定的。

40.【答案】　B

【解析】基金管理费是指从基金资产中提取的、支付给为基金提供专业化服务的基金管理人的费用。管理费率通常与基金规模成反比，与风险成正比。

41.【答案】　D

【解析】基金将众多投资者的资金集中起来，委托基金管理人进行共同投资，表现出一种集合理财的特点。通过汇集众多投资者的资金，积少成多，有利于发挥资金的规模优势，降低投资成本。

42.【答案】　B

【解析】通常情况下，交易所上市的有价证券（包括股票、权证等）以其估值日在证券交易所挂牌的市价（收盘价）估值。

43. 【答案】 D

【解析】构建股票投资组合的原因：①降低证券投资风险，通过组合投资，能够减少直至消除各股票自身特征所产生的风险（非系统性风险），而只承担影响所有股票收益率的因素所产生的风险（系统性风险）；②实现证券投资收益最大化。

44. 【答案】 B

【解析】ETF 实行一级市场和二级市场并存的交易制度。在一级市场，机构投资者可以在交易时间内以 ETF 指定的一篮子股票申购 ETF 份额或以 ETF 份额赎回一篮子股票；在二级市场，ETF 与普通股票一样在证券交易所挂牌交易。

45. 【答案】 B

【解析】A 项，股权类产品的衍生工具是指以股票或股票指数为基础工具的金融衍生工具；C 项，货币衍生工具是指以各种货币作为基础工具的金融衍生工具；D 项，利率衍生工具是指以利率或利率的载体为基础工具的金融衍生工具。

46. 【答案】 D

【解析】在 2007 年以来发生的全球性金融危机中，导致大量金融机构陷入危机的最重要一类衍生金融产品是信用违约互换。2008 年 7 月 9 日，美联储统计研究部副主任帕金森指出，信用违约互换的场外交易特征以及过快的增长速度是导致信用危机放大的重要原因。

47. 【答案】 B

【解析】特定目的机构是指接受发起人转让的资产，或受发起人委托持有资产，并以该资产为基础发行证券化产品的机构。为保证资金和基础资产的安全，特定目的机构通常聘请信誉良好的金融机构进行资金和资产的托管。

48. 【答案】 B

【解析】期权交易实际上是一种权利的单方面有偿让渡。期权的买方以支付一定数量的期权费为代价而拥有了这种权利，但不承担必须买进或卖出的义务。

49. 【答案】 D

【解析】只要证券收益之间不是完全正相关，分散化就可以有效降低非系统风险，特别是完全负相关的情况下，可获得无风险组合。市场风险、政策风险都属于系统风险，无法运用组合投资策略分散风险。

50. 【答案】 B

【解析】通常采用的业绩评价指标为经风险调整后的资本收益（RAROC），计算如下：RAROC = 收益/VaR 值 = $100 \times 20\% \div 80 = 25\%$。

二、组合选择题

1. 【答案】 D

【解析】Ⅳ项，场外交易市场中的银行间债券市场的发行主体主要有财政部、中国人民银行、政策性银行、商业银行，以及被批准可以发债的金融类公司、工商企业等；投资主体包括各类金融机构、企事业法人单位以及非法人机构等。

2. 【答案】 D

【解析】1995年3月颁布实施的《中国人民银行法》对"双重目标"进行了修正，确定货币政策目标是"保持货币币值的稳定，并以此促进经济增长"。2003年12月27日生效的重新修订的《中国人民银行法》再次确认了这一目标。

3.【答案】 C

【解析】Ⅲ项，股份有限公司申请股票上市，股本总额超过4亿元的，向社会公开发行股份的比例为10%以上。

4.【答案】 B

【解析】不同的投资者对风险的态度各不相同，理论上可以将投资者区分为风险偏好型、风险中立型和风险回避型三种类型。实践中，金融机构通常采用客户调查问卷、产品风险评估与充分披露等方法，根据客户分级和资产分级匹配原则，避免误导投资者和错误销售。

5.【答案】 B

【解析】证券自营业务是证券公司以自己的名义，以自有资金或者依法筹集的资金，为本公司买卖各类证券，以获取盈利的行为。

6.【答案】 D

【解析】Ⅱ项，证券公司变更持有5%以上股权的股东、实际控制人，必须经证券监督管理机构批准；Ⅳ项，证券公司在境外设立证券经营机构，必须经证券监督管理机构批准。

7.【答案】 D

【解析】根据《证券法》第一百四十一条规定，证券公司接受证券买卖的委托，应当根据委托书载明的证券名称、买卖数量、出价方式、价格幅度等，按照交易规则代理买卖证券，如实进行交易记录；买卖成交后，应当按照规定制作买卖成交报告单交付客户。

8.【答案】 A

【解析】根据《证券法》的规定，投资咨询机构及其从业人员从事证券服务业务不得有下列行为：①代理委托人从事证券投资；②与委托人约定分享证券投资收益或者分担证券投资损失；③买卖本咨询机构提供服务的上市公司股票；④利用传播媒介或者通过其他方式提供、传播虚假或者误导投资者的信息；⑤法律、行政法规禁止的其他行为。

9.【答案】 A

【解析】非现场检查主要是通过手工或计算机系统对证券公司上报的年度报告等资料进行定期和不定期的统计分析，通过分析及时发现存在的问题。主要包括：①证券公司的年度报告；②董事会报告；③财务报表附注；④与承销业务有关的自查内容。

10.【答案】 D

【解析】保护基金公司应依法合规运作，按照安全、稳健的原则运用基金资产，并接受中国证监会等相关部委的监督。基金的资金运用限于银行存款、购买国债、中央银行债券（包括中央银行票据）和中央级金融机构发行的金融债券以及国务院批准的其他资金运用形式。

11.【答案】 A

【解析】中国证券市场实行中央登记制度，即证券登记结算业务全部由中国证券登记结算有限责任公司承接，中国证券登记结算有限责任公司提供沪、深证券交易所上市证券的存管、清算和登记服务。

12. 【答案】 C

【解析】 中国证监会在履行其职责时，有权对证券发行人、上市公司、证券公司、证券投资基金管理公司、证券服务机构、证券交易所、证券登记结算机构进行现场检查。

13. 【答案】 C

【解析】 Ⅱ、Ⅲ两项，送股时，将上市公司的留存收益转入股本账户，表面上看，送股后，股东持有的股份数量因此而增长，其实股东在公司中占有的权益比例和账面价值均无变化。

14. 【答案】 C

【解析】 Ⅰ项，上市公司增发新股可以向公众公开增发，也可以向特定机构或个人增发，又称定向增发；Ⅳ项，股份回购是指上市公司利用自有资金，从公开市场上买回发行在外的股票。

15. 【答案】 A

【解析】 无记名股票是指在股票票面和股份公司股东名册上均不记载股东姓名的股票，具有如下特点：①股东权利归属股票的持有人；②认购股票时要求一次缴纳出资；③转让相对简便；④安全性较差。

16. 【答案】 B

【解析】 Ⅲ项，普通股股东对公司经营有表决权，优先股股东一般没有表决权。

17. 【答案】 A

【解析】 根据《公司法》的规定，公司向发起人、法人发行的股票，应当为记名股票，并应当记载该发起人、法人的名称或者姓名，不得另立户名或者以代表人姓名记名。

18. 【答案】 A

【解析】 除Ⅲ、Ⅳ外，向不特定对象公开募集股份的特别规定还包括：发行价格应不低于公告招股意向书前20个交易日公司股票均价或前一个交易日的均价。

19. 【答案】 D

【解析】 Ⅰ、Ⅱ、Ⅲ、Ⅳ四项均属于上市公司公开发行新股的一般条件中对盈利能力的规定。

20. 【答案】 A

【解析】 关于申报时间，上海证券交易所规定：接受会员竞价交易申报的时间为每个交易日9：15～9：25、9：30～11：30、13：00～15：00；每个交易日9：20～9：25的开盘集合竞价阶段，上海证券交易所交易主机不接受撤单申报。深圳证券交易所则规定：接受会员竞价交易申报的时间为每个交易日9：15～11：30、13：00～15：00。另外，上海证券交易所和深圳证券交易所认为必要时，都可以调整接受申报时间。

21. 【答案】 A

【解析】 我国税收制度规定，股票成交后，国家税务机关应向成交双方分别收取印花税。基金和债券不征收印花税。

22. 【答案】 A

【解析】 Ⅰ、Ⅳ两项，市价委托的优点是没有价格上的限制，证券经纪商执行委托指令比较容易，成交迅速且成交率高。市价委托的缺点是只有在委托执行后才知道实际的执行价格。Ⅱ、Ⅲ两项，限价委托方式的优点是证券可以以客户预期的价格或更有利的价格成交，有利于客户实现预期投资计划。但是，采用限价委托时，由于限价与市价之间可能有一定的距离，因此，限价委托成交速度慢，有时甚至无法成交。

23. 【答案】 B

【解析】Ⅳ项，短期次级债务不计入净资本，为满足承销股票、债券业务的流动性资金需要而借入或发行的短期次级债，按有关规定和要求减扣风险资本准备。

24. 【答案】 D

【解析】债券是一种有价证券，是发行人按照法定程序发行的约定在一定期限内还本付息的债权债务凭证，具有偿还性、流动性、安全性和收益性的特征。

25. 【答案】 B

【解析】储蓄国债（电子式）具有以下特点：①针对个人投资者，不向机构投资者发行；②采用实名制，不可流通转让；③采用电子方式记录债权；④收益安全稳定，由财政部负责还本付息，免缴利息税；⑤鼓励持有到期；⑥手续简化；⑦付息方式较为多样。

26. 【答案】 A

【解析】国际债券是指一国借款人在国际证券市场上以外国货币为面值、向外国投资者发行的债券。国际债券的发行人主要是各国政府、政府所属机构、银行或其他金融机构、工商企业及一些国际组织等。

27. 【答案】 B

【解析】债券是一种有价证券，利息通常事先确定，因而债券从属于固定收益证券。债券有面值，代表了一定的财产价值，但它也只是一种虚拟资本，而非真实资本。债券是证明债权债务关系的凭证，因而债券是债权的表现。

28. 【答案】 A

【解析】Ⅳ项，根据《非金融企业债务融资工具信用评级业务自律指引》第二十九条的规定，业务档案的保存期限应不低于10年，且不低于债务融资工具存续期满或受评主体违约后5年。

29. 【答案】 B

【解析】1981年后我国发行的普通国债品种有：①普通国债，目前我国发行的普通国债有记账式国债、凭证式国债和储蓄国债（电子式）；②其他类型国债，主要有国家重点建设债券、国家建设债券、财政债券、特种债券、保值债券、基本建设债券等。

30. 【答案】 A

【解析】Ⅳ项，企业集团财务公司发行金融债券应具备的条件之一是：申请前一年，注册资本金不低于3亿元人民币，净资产不低于行业平均水平。

31. 【答案】 D

【解析】Ⅲ项，深圳证券交易所规定，债券回购交易的申报单位为张，100元标准券为1张；Ⅳ项，我国目前采用的是以债券回购交易资金的年收益率进行报价。

32. 【答案】 C

【解析】债券回购双方可以选择的交收方式包括见券付款、券款对付和见款付券三种。

具体方式由交易双方协商选择。

33. 【答案】 C

【解析】债券回购交易申报中，融资方按"买入"（B）予以申报，融券方按"卖出"（S）予以申报。

34. 【答案】 B

【解析】中国结算公司上海分公司清算系统根据买断式回购业务原则及当日交收结果判定履约金的归属，若双方都履约，履约金退还双方；若一方履约，另一方无力履约或申报不履约，履约金归履约方；若双方都无力履约或申请不履约，履约金归风险基金。

35. 【答案】 A

【解析】根据《证券投资基金法》第七十三条，除Ⅰ、Ⅱ、Ⅲ、Ⅳ四项外，基金财产还不得用于下列投资或者活动：①买卖其他基金份额，但是国务院证券监督管理机构另有规定的除外；②从事内幕交易、操纵证券交易价格及其他不正当的证券交易活动；③法律、行政法规和国务院证券监督管理机构规定禁止的其他活动。

36. 【答案】 B

【解析】基金合同与招募说明书是基金设立的两个重要法律文件：①每只基金都会订立基金合同；②基金公司在发售基金份额时都会向投资者提供一份招募说明书。

37. 【答案】 B

【解析】根据《货币市场基金监督管理办法》第五条，货币市场基金不得投资于以下金融工具：①股票；②可转换债券、可交换债券；③以定期存款利率为基准利率的浮动利率债券，已进入最后一个利率调整期的除外；④信用等级在AA+以下的债券与非金融企业债务融资工具；⑤中国证监会、中国人民银行禁止投资的其他金融工具。

38. 【答案】 A

【解析】根据运作方式的不同，可以将基金分为封闭式基金和开放式基金。其中，封闭式基金是指经核准的基金份额总额在基金合同期限内固定不变，基金份额持有人不得申请赎回的基金；开放式基金是指基金份额总额不固定，基金份额可以在基金合同约定的时间和场所申购或者赎回的基金。

39. 【答案】 B

【解析】股票的直接收益取决于发行公司的经营效益，不确定性强，投资于股票有较大的风险；债券的直接收益取决于债券利率，而债券利率一般是事先确定的，投资风险较小；基金主要投资于有价证券，投资选择灵活多样，从而使基金的收益有可能高于债券，投资风险又可能小于股票。

40. 【答案】 D

【解析】由于指数基金收益率的稳定性、投资的分散性以及高流动性，特别适合于社保基金等数额较大、风险承受能力较低的资金投资。

41. 【答案】 B

【解析】封闭式基金在证券交易所上市，其价格除取决于基金份额净值外，还受到市场供求状况、经济形势、政治环境等多种因素的影响，所以其价格与资产份额净值常发生偏离。

42. 【答案】 C

【解析】基金管理人是基金的组织者和管理者，负责基金资产的经营，是基金运营的核心；托管人由主管机关认可的金融机构担任，负责基金资产的保管，依据基金管理机构的指令处置基金资产并监督管理人的投资运作是否合法合规。基金管理人和基金托管人均对基金份额持有人负责。

43. 【答案】 A

【解析】Ⅰ项，基金财产是独立于管理人、托管人的固有财产，基金管理人、基金托管人不得将基金财产归入其固有财产；Ⅱ项，基金银行存款账户是指以基金名义在银行开立的、用于基金名下资金往来的结算账户；Ⅲ项，基金托管人对所托管的不同基金财产分别设置账户，确保基金财产的完整与独立；Ⅳ项，按照基金合同的约定，根据基金管理人的投资指令，及时办理清算、交割事宜。

44. 【答案】 B

【解析】Ⅳ项，金融期货交易与金融现货交易不同，它不能创造价值，不是投资工具，是一种风险管理工具。

45. 【答案】 A

【解析】金融期货合约是指由交易双方订立的、约定在未来某个日期以成交时所约定的价格交割一定数量的某种金融商品的标准化契约。金融期货具有四项基本功能：套期保值功能、价格发现功能、投机功能和套利功能。

46. 【答案】 A

【解析】信用违约互换是指一方将购入的具有违约风险的债务或债券中的违约风险转嫁给第三方（保险公司）。信用违约互换中常见的作为参考的信用工具有按揭贷款、按揭支持证券、各国国债及公司债券或者债券组合、债券指数。

47. 【答案】 A

【解析】远期交易本质上是现货交易的一种特殊情形，是现货交易在时间上的延伸。在现实世界中，很难对现货交易与远期交易作出截然的划分，现货交易中普遍存在交易合约订立之后一段时间内才进行结算的例子。交易双方在格式化的主合约基础上调整形成个性化的交易合同，使得远期交易带有一定的标准化色彩，区分期货交易与变相期货交易成为监管者面临的技术难题。

48. 【答案】 B

【解析】金融期货按基础工具划分，可分为：外汇期货、利率期货、股权类期货。其中，股权类期货是以单只股票、股票组合或者股票价格指数为基础资产的期货合约。

49. 【答案】 D

【解析】信用风险是指交易对手未能履行约定契约中的义务而造成经济损失的风险，它主要受证券发行人的经营能力、盈利水平、事业稳定程度及规模大小等因素影响。

50. 【答案】 B

【解析】风险对冲必须遵守下列四项操作原则：①交易方向相反原则；②商品种类相同或相近原则；③数量相等或相近原则；④月份相同或相近原则。